Surmonter les blessures de l'enfance

Catalogage avant publication de Bibliothèque et Archives nationales du Québec et Bibliothèque et Archives Canada

Léger, Marie-Soleil

Surmonter les blessures de l'enfance

2e édition

(Collection Croissance personnelle)

Publ. à l'origine dans la coll. : Collection Psychologie. c2006.

ISBN 978-2-7640-1862-0

1. Enfants maltraités devenus adultes – Psychologie. 2. Résilience (Trait de personnalité). 3. Traumatisme psychique. I. Titre. II. Collection : Collection Croissance personnelle.

HV873.L43 2012 362.76'4 C2011-942550-5

Une compagnie de Quebecor Media
7, chemin Bates
Montréal (Québec) Canada
H2V 4V7

Dépôt légal : 2012
Bibliothèque et Archives nationales du Québec

Pour en savoir davantage sur nos publications, visitez notre site : www.quebecoreditions.com

Éditeur : Jacques Simard
Conception de la couverture : Bernard Langlois
Illustration de la couverture : GettyImages

Imprimé au Canada

DISTRIBUTEURS EXCLUSIFS :

- Pour le Canada et les États-Unis :
  MESSAGERIES ADP*
  2315, rue de la Province
  Longueuil, Québec J4G 1G4
  Tél. : (450) 640-1237
  Télécopieur : (450) 674-6237
  * une division du Groupe Sogides inc., filiale du Groupe Livre Quebecor Média inc.

- Pour la France et les autres pays :
  INTERFORUM editis
  Immeuble Paryseine, 3, Allée de la Seine
  94854 Ivry CEDEX
  Tél. : 33 (0) 4 49 59 11 56/91
  Télécopieur : 33 (0) 1 49 59 11 33

  Service commande France Métropolitaine
  Tél. : 33 (0) 2 38 32 71 00
  Télécopieur : 33 (0) 2 38 32 71 28
  Internet : www.interforum.fr

  Service commandes Export – DOM-TOM
  Télécopieur : 33 (0) 2 38 32 78 86
  Internet : www.interforum.fr
  Courriel : cdes-export@interforum.fr

- Pour la Suisse :
  INTERFORUM editis SUISSE
  Case postale 69 – CH 1701 Fribourg – Suisse
  Tél. : 41 (0) 26 460 80 60
  Télécopieur : 41 (0) 26 460 80 68
  Internet : www.interforumsuisse.ch
  Courriel : office@interforumsuisse.ch

  Distributeur : OLF S.A.
  ZI. 3, Corminboeuf
  Case postale 1061 – CH 1701 Fribourg – Suisse

  Commandes : Tél. : 41 (0) 26 467 53 33
  Télécopieur : 41 (0) 26 467 54 66
  Internet : www.olf.ch
  Courriel : information@olf.ch

- Pour la Belgique et le Luxembourg :
  INTERFORUM BENELUX S.A.
  Fond Jean-Pâques, 6
  B-1348 Louvain-La-Neuve
  Tél. : 00 32 10 42 03 20
  Télécopieur : 00 32 10 41 20 24

Gouvernement du Québec – Programme de crédit d'impôt pour l'édition de livres – Gestion SODEC.

L'Éditeur bénéficie du soutien de la Société de développement des entreprises culturelles du Québec pour son programme d'édition.

Nous reconnaissons l'aide financière du gouvernement du Canada par l'entremise du Fonds du livre du Canada pour nos activités d'édition.

Marie-Soleil Léger

Surmonter les blessures de l'enfance

La maltraitance

2e édition

LES ÉDITIONS
Quebecor
Une compagnie de Quebecor Media

Aux adultes oubliés depuis l'enfance.

Avant-propos

Rien n'atteint la pureté d'un enfant, même lorsqu'il est devenu grand.

J'étais dans une salle d'attente. Une éducatrice avait puni l'enfant d'une mère qui se plaignait de l'agressivité de sa fille. Ça ne me concernait pas du tout, mais j'étais là, témoin de la scène. La petite criait et se débattait, tandis que la mère et l'éducatrice lui donnaient l'ordre de s'asseoir sur la «chaise de la colère», car elle venait de frapper sa mère.

Entre les lignes, j'ai compris que la mère venait de se séparer d'un homme violent et que la petite y avait goûté. L'éducatrice n'en finissait plus d'insister, elle voulait que la petite d'environ quatre ans s'assoie sur la «chaise de la colère», en punition. La petite hurlait depuis un moment déjà. Elle semblait épuisée, mais elle rassemblait toutes ses énergies pour protester, pour résister. Je bouillais de colère à l'intérieur de moi.

La punition de la petite m'a touchée au plus haut point. Enfant, je n'ai jamais compris pourquoi j'étais punie et ça me faisait ressentir de la rage et de l'impuissance, et un sentiment d'injustice. Je me sentais terriblement seule, rejetée, brisée. Je me jurais que je ne laisserais jamais personne me casser. Je tremblais parce que je manquais de tendresse et de chaleur humaine, mais je refusais de croire que c'était à cause de la peur. J'avais très mal en dedans. Mes toutes petites mains écrasées par le talon d'un soulier, mon petit tronc courbé sous les coups.

Ce sont ces images que j'ai retrouvées quand j'ai vu l'éducatrice s'acharner sur cette petite princesse sans royaume. C'est mon enfant intérieur que j'aurais voulu serrer dans mes bras, à ce moment-là. En fait, je n'y étais pas du tout : je ne connaissais pas le contexte. C'était peut-être justifié, ce n'était pas du tout violent, mais ça m'a quand même replongée dans de douloureux souvenirs. Je me voyais en elle.

Ce qui m'a marquée, cet après-midi-là, c'est ma révolte, ma tristesse et mon impuissance d'adulte face à ce que je ressentais. Je ne pouvais pas agir, confrontée à une petite puce en manque de tendresse, sans racine et, à coup sûr, brisée par la violence. J'ai fait du transfert, je me suis vue à travers la petite et ça m'a fait mal. J'étais adulte, mais encore paralysée par la violence.

Je sympathisais avec la victime en moi et je m'apitoyais sur mon sort. Je me sentais encore une fois impuissante. J'ai trouvé cela injuste, mais ma perception était peut-être biaisée. Moi non plus, je ne tolérais pas les reproches. Ce jour-là, je me sentais attaquée personnellement, humiliée. Je voulais combattre ce sentiment d'impuissance. Ça m'a fait vivre une rage trop familière qui s'est transformée en culpabilité et en sentiment de rejet.

À ce moment-là, je me suis demandé comment je me sentirais si j'étais libérée, si je reprenais le pouvoir sur ma vie et si je reprenais confiance en moi. Qu'est-ce que ce serait d'accepter que je n'ai pas seulement été brutalisée et humiliée, mais parfois punie justement pour des bêtises que j'ai faites ? J'ai rejeté avec ferveur chaque punition, obéissant parfois pour acheter la paix, mais toujours avec l'intime conviction que les gens qui me reprenaient avaient tort.

Je suis devenue têtue et obstinée, par dépit. J'ai appris très jeune que rien ne pouvait m'enlever ma volonté et mon obstination : il s'agissait de ma façon de protéger ce qui me restait de dignité, c'est ainsi que je manifestais silencieusement contre la violence, c'était ma manière toute personnelle de me trouver courageuse. J'ai crié ; j'ai pleuré. J'ai crié en pleurant, comme je pleurais en parlant. Puis, j'ai arrêté de pleurer pour ne plus donner de pouvoir et de satisfaction à mon père et à sa femme, qui exorcisaient leurs souffrances à travers moi.

J'étais têtue, colérique, sauvage. Je me jurais qu'ils ne me casseraient pas. Devenue adulte, j'ai continué de tenir promesse, jusqu'à ce que la vie s'en charge et me ramène à l'ordre. Je ne me permettais jamais de fléchir, de montrer mes faiblesses. Mais je restais paralysée dans ma souffrance, impuissante, immobile et muette d'amour.

Je regardais cette mère dépassée par les événements, qui s'en remettait à cette éducatrice. Cette dernière n'a sûrement jamais craché son sang dans sa jeunesse ni retombé sur ses genoux en tentant de se relever tellement la douleur annihilait ses efforts, devant le regard de celui qui l'a bercée. Alors, elle ne connaît pas notre bataille.

Elle ne sait pas que le fait de pleurer à fendre l'âme fait moins mal à cette enfant que le fait d'accepter une quelconque punition pour satisfaire l'ego blessé d'adultes en qui elle n'a plus confiance. J'aurais eu envie de crier moi aussi, de frapper avec mes petits poings serrés pour exprimer ma rage et pour gagner, au moins une fois. J'aurais aimé avoir le dernier mot, une seule fois, dominer la situation, faire valoir que j'existe. Je voulais m'asseoir sur la chaise de la colère, à la place de cette enfant, pour réfléchir et accepter mes torts. Mais j'y étais déjà, sur cette chaise en bois dur, coupable par acclama-tion.

Les yeux rivés sur cette salle de jeu où personne n'avait l'air de s'amuser, je me suis rappelé plusieurs épisodes de mon enfance. Dès que mon demi-frère est né, j'ai compris que nous n'étions pas des enfants aux yeux de mon père et de sa femme, mais des rats, des chiens, des bâtards qui erraient comme des fantômes, ne sachant pas où aller, rôdant dans la maison de quelqu'un d'autre.

J'étais morte aux yeux de ma belle-mère, mise au rancart, remplacée par un vrai être humain, pas des brouillons, un vrai amour, pas des distractions. Même si la naissance de mon demi-frère m'a révélé, à l'aube de mes dix ans, que je n'existais pas, je l'aimais déjà. Même si l'amour de cette petite oasis de tendresse m'était presque interdit par ma belle-mère, j'ai eu des moments de parfait bonheur à ses côtés. Pour sa mère, nous n'étions pour lui qu'un danger, une menace de plus à sa surprotection et une nuisance publique dans sa maison.

Peut-être qu'inconsciemment, je pensais qu'en me faisant aimer de lui, je me ferais aimer de sa mère qui l'aimait follement. Peut-être qu'inconsciemment, je pensais qu'en attirant son attention, j'aurais celle de mon père et de sa mère. Peut-être que non. Il reste qu'en m'attachant à cette belle petite boule d'amour pur, je me suis attiré la rage et la jalousie obsessive de ma belle-mère. Elle a déployé l'arsenal sophistiqué de toute sa mesquinerie pour me priver de la présence de ce petit être que je chérissais tant.

Ça me faisait mal qu'il nous voit nous faire battre : il n'avait pas cinq ans ; comment pourrait-il comprendre ? J'étais humiliée, j'avais honte, je me sentais diminuée et j'étais triste qu'il soit témoin de cela. Je n'étais pas jalouse, je comprenais la stratégie destructrice de sa mère : diviser pour mieux régner, humilier pour humilier. J'ai seulement souhaité qu'il soit heureux, avec ou sans moi, et libre.

Très jeune, il a été témoin de scènes d'horreur : ses parents le nourrissaient et nous laissaient ses restes quand il y en avait. Ce fut le programme du vendredi soir : nourrir le chien avant nous, s'occuper de lui comme s'il s'agissait d'un roi. À la longue, ça finirait par nous convaincre que nous n'étions que des sous-hommes, des ratés, des boulets, des condamnés à la fatalité. Au-delà de cette ségrégation émotionnelle, j'aimais mon demi-frère et j'étais heureuse pour lui. Il me permettait de vivre, à travers lui, une enfance sans violence.

J'attends toujours dans cette salle qui porte bien son nom ; chaque seconde pèse lourd, chacune des petites larmes de cette enfant me replonge dans mon enfance. Je dévisage l'éducatrice, je la confronte, elle qui n'a jamais fléchi les genoux sous le poids de la douleur, parce que ses petites jambes tremblaient trop. Je revois ma belle-mère, son regard fuyant, coupable, impatient, insensible. Je ressens la distance qu'elle met entre nous, ce mensonge imposé et ridicule : « l'appeler maman ». Je n'ai jamais cru à cette filiation forcée. Je les ai haïs, mes parents, d'avoir violé la maternité de ma mère avec sadisme et vengeance. Je les ai haïs, pour cette injustice flagrante et pour leur tyrannie.

J'en ai voulu longtemps, en silence, à ce duo d'enfer que je condamnais, d'avoir pris en otage toute mon enfance. Sur le plan émotionnel, j'étais assoiffée et torturée : je crevais de faim. Les premières années, c'est l'espoir secret de revoir ma mère qui me faisait tenir le coup. Et j'ai fini par oublier pourquoi je me battais si fort.

Pourquoi est-ce que je me suis battue si fort contre le destin ? Pourquoi me suis-je entêtée à réussir contre vents et marées ? C'était l'espoir d'être de nouveau aimée, chérie, heureuse ; c'était le souvenir de ma mère qui m'élevait au-delà des murs de la prison de cette maison, vers d'autres horizons. Je savais que quelque chose d'autre existait, que l'amour m'attendait, que je devais survivre pour trouver la paix. Le cœur de ma mère a grandi, irrigué par mon sang, nos âmes se rencontraient au-delà des frontières et des océans, l'Univers tout entier ne pouvait nous séparer. Elle nous aimait plus que tout au monde et me le disait tout le temps. Ma mère, de qui j'ai été privée toute ma vie, était devenue un ange aux ailes posées sur mes douleurs, qui me berçait la nuit, me remplissait de douceur, apaisait ma souffrance et me comblait de bonheur. C'était mon fantasme d'enfant, d'adolescente, d'adulte : l'espoir qui, même envolé, continuait de me nourrir.

J'ai entendu mon nom au microphone, je me suis dit que c'était à mon tour d'aller m'asseoir sur la chaise de la colère, que j'allais me faire punir plus sévèrement que je me punissais moi-même. Moi, la perfectionniste, comme si la perfection pouvait m'épargner une pénitence. Enfant, je détestais entendre mon nom.

En observant la petite, je me suis rendu compte que j'étais rendue au même point qu'elle. J'avais ce désir de résister jusqu'au bout, j'étais animée par le refus de la soumission et par la force de défier les autres. Les menaces me coulaient sur le dos. Malgré les coups bas et la langue de vipère de mon père, je n'obéissais pas.

Il aurait pu me tuer, ça n'aurait rien changé, mais la plupart du temps, il se faisait peur avant, décontenancé par mon intolérable résistance, par mes larmes et par mon silence. Je n'étais plus la petite Marie-Soleil, j'étais un tronc dur, le visage crispé, les bras croisés, le souffle court, mais le ventre tremblant. L'instant d'après, au début, c'était invariablement une façon de tenter de m'évader. Je préparais ma fugue devant leurs yeux; ils étaient désemparés, dépassés par les événements. Dans un tourbillon de colère, je ramassais mes affaires et je m'enfermais dans ma chambre, afin de planifier ma fuite. Puis, à bout de nerfs et épuisée, je m'endormais les poings serrés, le cœur enflé, en faisant des cauchemars de fuite qui ne m'apaisaient pas, et je me réveillais tendue le matin. Et mon calvaire continuait.

Il y a eu des arcs-en-ciel durant mon enfance, mais j'ai surtout vécu des années difficiles. Chacun tentait de survivre dans ce milieu malsain, imposé par des adultes malsains. Chez eux, ou j'avais peur qu'ils me jettent à la rue ou j'avais envie de m'enfuir. Mais je ne savais pas où aller. Où vont les enfants qui ont mal en dedans ?

Alors, plus tard dans ma vie, j'avais peur d'être rejetée ou j'avais envie de m'enfuir. Mais je ne savais pas non plus où aller. Où vont les enfants qui ont mal en dedans ?

J'inventais des scénarios de survie et des scénarios de fuite ; ma vie est devenue un long moment d'errance, une poursuite essoufflante. Je pouvais rapidement me sauver, mais jamais de moi-même.

La violence m'a endurcie avant de me casser. J'étais devenue un calcul biliaire, une combattante sans armes, un sourire triste, un visage austère et une langue de venin qui préférait se taire.

Il n'y a pas eu que l'horreur dans ma vie. Il y a eu aussi ma révolte tranquille vers la fin de l'adolescence. Ma belle-mère et moi, nous nous ignorions ; pour sa part, ça ne lui demandait pas trop d'efforts, elle me fuyait, me repoussait continuellement. Sa colère et ses insultes quotidiennes étaient ses plus grandes marques d'attention à mon égard. Alors, son indifférence m'a plu. C'était notre façon de nous haïr du mieux que nous le pouvions. Elle me laissait au centre commercial en me haïssant, elle me passait le téléphone en me haïssant et m'ignorait en me haïssant. Moi, j'étais gentille en la haïssant. Je la couvrais de cadeaux en la haïssant et je lui parlais de pardon et de paix en continuant de la haïr. Elle détestait ma propension à la perfection, ma détresse déguisée en actes de bonté, mon manque d'amour en des « je t'aime maman, pourquoi tu me dis ces choses méchantes ? ». J'étais devenue son boulet le plus lourd à porter, son plus grand complexe.

Le problème, c'est que j'ai fini par croire en mon personnage. Mais il s'agissait d'une enveloppe qui me permettait de survivre. L'ai-je déjà aimée ? C'est devenu une habitude : être débilement gentille avec ceux qui me haïssent, me jalousent, me méprisent.

Je venais de comprendre pourquoi je détestais entendre mon nom aussi fort dans le micro. Quand mon père et sa douce voulaient se défouler et me lancer une tonne de bêtises par la tête, mon père me réclamait en beuglant mon nom. Je gagnais le maximum de temps avant de sortir de ma chambre, avant d'être confrontée à leur rage et à leur folie.

Alors, entendre mon nom, c'était l'annonce d'un danger imminent. Pendant que je gagnais du temps, eux faisaient mon procès haut et fort. Puis, ils venaient me chercher, ils m'arrachaient à mon pupitre pour se défouler, victorieux. En vieillissant, je me suis mise à regarder mon père dans les yeux: je voulais m'imprégner de ce regard fou pour ne pas retomber dans le piège du pardon, mais sans succès.

Les enfants aiment leurs parents de façon inconditionnelle, un amour qu'ils doivent réprimer pour ne pas laisser pour mort le peu d'amour-propre qui leur reste.

Introduction

Le cœur en otage, bercée par l'ennemi, mourir avant l'âge.

Pourquoi mes parents m'ont-ils détruite ? Pourquoi moi ? Pourquoi ai-je eu si mal, impunément ? Comment brise-t-on le *pattern* ? D'où vient cette rage ? Ce sont les questions qui m'ont donné l'idée d'écrire ce témoignage. Je parle de moi, mais surtout de nous, de ceux que j'appelle « les enfants de personne ».

Ce livre traite de la maltraitance et des orphelins de parents sains. Ça se vit comment, au quotidien, dans le cœur et dans les tripes ? Comment un petit être dépendant peut-il survivre, pris en otage par la folie d'une autorité parentale abusive ? Comment, après des années de sévices répétés, à n'avoir comme repères que des tyrans, en arrive-t-on à devenir grand, à faire sa vie et à dormir ?

Ce livre parle de violence, d'injustice, d'adultes psychotiques et des innocents martyrs qu'ils engendrent. Il ne s'agit pas d'une guerre de tranchées, mais d'une guerre des nerfs, où une enfant sans armes est jetée au front, cassée avant même d'avoir pu se construire, terrorisée, dans son corps et dans son âme, marquée au fer rouge par la négligence, oubliée, dans un monde d'adultes en lequel elle n'a plus confiance.

Les enfants de personne

On n'a plus d'estime de soi ; et pourtant, on survit, on se construit, on réussit et on se taille une place dans un monde souvent bien moins amer que nos souvenirs d'enfance.

En tant qu'enfant maltraitée, quels étaient mes mécanismes de protection ? Quelles étaient mes réactions face à la violence ? Quelles sont les conséquences de ces sévices ? Qu'est-ce que ces milliers de petits cœurs se sont dit pour s'en sortir grandis ?

Il y est aussi question des conséquences. Parmi les effets secondaires de ces souffrances trop vives, j'ai pu relever plusieurs manifestations et répercussions dommageables, notamment les épisodes dépressifs, les deuils difficiles, le vide, l'instabilité, l'impulsivité, la perte de confiance, la peur des autres, la solitude, les tentatives de suicide, les difficultés à communiquer, la perte de l'estime de soi, l'anxiété, les cauchemars et la victimisation.

Il y a aussi les *patterns* nuisibles, le dialogue intérieur négatif, les comportements autodestructeurs, l'altération de l'image de soi, la peur, l'angoisse de l'avenir, les phobies, les difficultés relationnelles ainsi que la difficulté à se projeter dans l'avenir. J'ai tenté de mettre des mots sur des maux afin de faire le point, afin d'en finir avec ces longs silences.

Ce livre traite aussi des seuls et uniques responsables de l'enfance volée de ces bambins mal-aimés : les parents négligents.

J'ai voulu comprendre comment on fait pour demeurer vivant, quand tout le monde a cru qu'on ne s'en sortirait pas, qu'on était foutu, condamné à l'errance et à la détresse.

Dès mon plus jeune âge, j'ai résisté ; j'ai refusé de croire que j'étais née pour rien, que personne ne m'aimerait jamais. La jalousie de ma belle-mère, la lâcheté de mon père, leurs psychoses compatibles et leurs complices nuisibles : voilà le millième du portrait que je me suis reconstruit mille fois pour essayer de comprendre. À force de me demander pourquoi, mes traits sont devenus tirés et la vie est passée. Et finalement, aucune réponse ne me consolait.

J'ai, un jour, fait preuve de compassion, j'ai tenté de pardonner et d'oublier à maintes reprises, puis les schémas que je reproduisais me ramenaient inlassablement sur les chemins torturés de mon enfance. Les psychiatres, les psychologues, les pédagogues, les philosophes et les anthropologues de ce monde n'ont pas su me donner une réponse qui puisse assécher mes pleurs, apaiser ma colère. Il ne faut pas chercher à comprendre, « il n'y a pas de vie parfaite », m'ont dit les uns, et c'est vrai. « Ce qu'ils ont fait est criminel, ce n'est pas de ta faute », m'ont répété les autres. Et des amis m'ont dit : « Ta belle-mère est folle, c'est clair » ; « Elle a peut-être souffert dans son enfance, elle a peut-être été abusée, rejetée ou ignorée » ; « Elle est simplement jalouse, ce ne sont pas ses enfants, on les lui a imposés, par amour et par naïveté, elle a accepté ce fardeau » ; « Ils n'auraient pas dû avoir d'enfants, c'est un cas d'incompétence parentale, de maltraitance comme on en voit trop souvent. »

D'autres m'ont dit : « Vos personnalités étaient incompatibles, ces gens-là n'avaient pas ce qu'il fallait pour élever des enfants » ; « Ils étaient limités, immatures émotionnellement, trop égoïstes pour pouvoir prendre soin d'enfants » ; « Ils ne vous aimaient pas, ça arrive et il arrive un moment où il est trop tard pour avorter et l'orgueil empêche la personne de trouver un meilleur foyer pour son enfant » ; « Ils vous ont peut-être eus pour de mauvaises raisons » ; « Ils n'ont pas toute leur tête, c'est la maladie mentale, ce sont des psychotiques, il faut tourner la page » ; « Peut-être qu'ils ont fait du mieux qu'ils pouvaient avec ce qu'ils étaient » ; « Ils n'avaient peut-être aucune estime d'eux-mêmes, aucune confiance en eux, aucun talent et aucun amour à donner » ; « C'est ce qu'on appelle la transmission intergénérationnelle des traumatismes familiaux, il y a une part de conscient et d'inconscient » ; « Ils sont esclaves de leur passé, voire de celui de leurs ancêtres. »

Plus les explications s'enchaînaient, plus le casse-tête se précisait, et plus des questions s'ajoutaient. À mes yeux, mes bourreaux étaient inclassables. Ils ne manquaient pas ni d'intelligence, ni de soutien, ni de moyens, ni de connaissances : ils ne pouvaient être innocents. Ils étaient capables d'une cruauté mentale raffinée, et à part quelques épisodes psychotiques, ils étaient suffisamment en contact avec la réalité pour manipuler les autres avec soin, avec calcul et hypocrisie, avec mesure et stratégie. Alors, je continuais de chercher des réponses, avec acharnement. Puis, une amie au travail m'a dit, à l'heure du lunch, un lundi matin : « Ils se sont fait violence à travers toi. Il n'y a pas de pourquoi à la jalousie obsessive. Ils se sentaient moins forts que leurs enfants, incapables, désarmés. En détruisant ce qu'ils avaient de plus beau, ils exprimaient la nullité de leur estime, le dégoût d'eux-mêmes et leur totale impuissance. Ça ne sert à rien de chercher, ton cerveau a compris, c'est ton cœur qui a encore mal. Ils ne méritent pas d'occuper cette place dans ta vie. Tu n'étais qu'une enfant, ce n'était pas ta faute ; regarde en avant maintenant. Aujourd'hui, tu as réussi, tu es une belle personne. Et tu sais, on t'aime, exactement comme tu es. » Une petite heure qui a mis un baume sur toutes les blessures d'une vie.

J'étais sur le point d'entreprendre une sempiternelle thérapie pour exprimer de long en large, et de façon détaillée, toute la peine que j'ai vécue. Curieusement, la professionnelle m'a dit de continuer de pleurer, que j'étais rendue là, à quelques pas de la liberté ; que ce n'était plus qu'une question de temps, une boucle se boucle, la vie continue. J'avais encore oublié que je l'avais raconté cent fois mon histoire.

Ce jour-là, ça n'avait plus d'importance le nombre de coups de pied, de coups de ceinture, de menaces, de critiques, d'humiliations et de privations ; la manipulation ne comptait plus, pas plus que les souvenirs de mon petit front d'enfant plein de sang ou l'urine qui me chauffait les cuisses dans mon pantalon trempé ou encore les nuits à pleurer. J'ai survécu. Aujourd'hui, je suis capable de rire, d'espérer, d'aimer, de donner, d'en pleurer. Je suis sortie du bureau de cette professionnelle, la tête haute. J'ai réalisé que c'est en me construisant que je me suis libérée, sans jamais chercher à me venger, bien au contraire. Je venais tout juste d'arrêter d'espérer de les voir un jour changer et je ne croyais plus que la famille à laquelle ils nous ont fait croire, se mette soudainement à exister. Ce qu'il me restait alors à faire, c'était un deuil, et des retrouvailles chaleureuses avec le moment présent.

Je me sentais libérée ce midi d'été, face à cette amie pleine de vie et au regard inondé de tendresse. Je suis aimée. C'est ce qui compte aujourd'hui. Je suis aimée comme je suis. J'ai une famille, un travail, des amis, une vie, un avenir et, surtout, j'ai l'esprit tranquille. Je me suis sentie encore plus libre quand, après des années de thérapies, on m'a dit que j'étais maintenant outillée pour faire seule le reste du chemin, avec mes ressources, mes acquis. J'étais devenue grande. Mes parents, dans ma vie adulte, ont été les services sociaux, le système de santé et de bonnes âmes qui m'ont tendu la main. Ce sont les parents des grands orphelins comme moi, un filet social pour ceux qu'on a laissés tomber, pour ceux qui restent, quand toutes les autres familles sont rassemblées.

Après ce dîner, après cette dernière rencontre, ce dernier câlin, cette dernière poignée de main, j'ai su qu'il était temps de dire adieu à hier. J'ai réalisé que «prisonniers de la grandeur spectaculaire de notre vie, nous finissons par ignorer tout ce qui est simple et sobre». (Wayne Muller, *L'héritage spirituel d'une enfance difficile*)

Pendant quelques jours, je me suis mise à pleurer pour tout et pour rien, à cause d'un regard hautain, d'une parole dure, d'une injustice mineure, à cause des pleurs de quelqu'un que j'aime et, surtout, à cause de rien. Je pleurais avec une telle liberté et une telle légèreté ! Ça m'a tellement fait du bien de pleurer, parfois seule, parfois accompagnée.

Je me suis sentie pleine de quelque chose de beau, d'une force qui m'habite depuis le début, pleine du moment présent. Je pleurais, puis ma journée continuait, comme d'habitude, même au travail. Puis, il n'y avait plus ce nœud étouffant dans ma gorge quand je pleurais, juste des larmes, fluides, chaudes, apaisantes.

Des larmes libérées, qui me caressaient les joues, parfois essuyées par une main délicate ; le baiser de mon amoureux ou la caresse de ma chatte, qui était particulièrement chaleureuse ces jours-là. À peine l'avais-je déposée sur le sol qu'elle me réclamait, comme si, empathique comme toujours, elle sentait que j'avais vraiment besoin d'elle.

Mon amoureux accueillait chacune de mes larmes avec soulagement ; j'étais bercée par sa présence bénéfique, je m'endormais le cœur léger, comme jamais auparavant. Les jours et les semaines sont passés. Je me suis mise à rire plus souvent, à ne plus étouffer ma voix, à être plus présente à chaque instant. Puis aujourd'hui, j'ai choisi d'écrire, en moins de mots qu'il m'en aura fallu pour dire ce que la maltraitance peut faire d'un enfant, lorsqu'il est devenu grand.

Il ne faut jamais sous-estimer l'extraordinaire potentiel de survie d'un enfant, et l'extraordinaire beauté que peut révéler un cristal brisé.

1
Les événements les plus marquants de ma vie

Durant ma petite enfance, j'ai vécu au sein d'une famille instable en raison de la séparation de mes parents, qui a eu lieu lorsque j'étais encore en bas âge. Des conflits ont éclaté à propos de la garde partagée, qui se sont prolongés en cour, dans l'entrée de la maison, chez les grands-parents et chez les gardiennes. Il y a eu les enlèvements successifs par les deux parents, qui m'ont laissé un goût amer du mot « séparation ». Je me souviens vaguement que mon père voulait tuer ma mère et que ça criait fort.

Puis, la cour a tranché en faveur d'une garde partagée, un néologisme pour l'époque, presque un projet pilote. Les linguistes motivés ont ajouté des mots tels que : *monoparental* et *famille reconstituée,* autrefois connue sous le nom de *nucléaire*. Sans oublier le terme *pension alimentaire*.

Lors d'une sortie à la plage, j'ai rencontré une copine de mon père, laquelle allait devenir sa deuxième femme. Je n'étais pas du tout proche d'elle. Je m'ennuyais de ma mère. J'étais au jardin d'enfants, j'avais quatre ans, quand mon père est venu avec deux hommes en uniforme nous enlever à l'école, ma sœur et moi. Ils ont discuté avec la religieuse enseignante, et ils nous ont emmenées chez des membres de sa famille ; mon frère était déjà dans le vieux placard sombre et puant, où nous avons été enfermés pendant plusieurs jours.

Mon père, avec la complicité de sa copine, nous a finalement enlevés définitivement et il a pris l'avion quelque temps plus tard, se rendant dans un endroit assez loin et afin que ma mère ne nous trouve jamais. J'avais seulement quatre ans et j'avais besoin d'elle. J'ai revu ma mère à l'aéroport et j'ai été arrachée de ses bras. Elle était venue supplier mon père de lui laisser ses enfants. J'étais en crise, je hurlais, je frappais partout. À l'aéroport, après avoir été sauvagement arrachée des bras de ma mère, je criais, alors qu'elle pleurait.

Elle m'a dit qu'on allait se revoir ; je le lui ai fait promettre, elle m'a dit qu'elle m'aimait et que tout allait bien se passer. Puis, elle a fondu en larmes, et elle a crié qu'on lui ramène ses enfants.

Mon frère et ma sœur marchaient de façon résignée vers l'avion, les yeux gorgés d'eau. Je les voyais se défaire en mille morceaux à mesure qu'ils s'éloignaient de maman, escortés par des gens indifférents. Et moi, comme d'habitude, je me débattais de toutes mes forces pour rien, contre ces gorilles qui m'arrachaient à ce que j'avais de plus précieux : la présence de ma mère. Je criais et je hurlais, alors que des gens retenaient ma mère dévastée, démolie.

J'ai crié tellement fort, j'ai ragé à m'en arracher l'âme, mon cœur a éclaté en mille morceaux dans le corps, mon esprit a quitté mon corps ; j'aurais tellement voulu me blottir dans les bras de ma mère. Puis, lorsque j'ai été assise dans l'avion, je n'ai plus eu aucune réaction. Un profond sentiment de vide m'habitait. Je me sentais trahie.

2
Un grand déménagement

Dans les premiers jours de notre nouvelle vie, nous nous sommes tous les trois fait couper les cheveux très courts, moi qui adorais mes grandes mèches bouclées. Ce fut le début d'une longue incarcération. Mon frère, ma sœur et moi étions inséparables. Nous dormions accrochés les uns aux autres.

C'était nouveau, il fallait s'adapter à un nouvel environnement et à notre nouvelle famille reconstituée. J'ai dû m'habituer à ne plus voir ma mère et je devais croire qu'elle était morte ; j'ai dû m'habituer à ne plus entendre sa voix, à ne plus être inondée de câlins, à ne plus dormir dans son lit, à ne plus rire et jouer avec elle, à ne plus faire de balades, bref, à ne plus être aimée.

Et, à cinq ans, j'ai reçu ma première raclée : mon père nous a incités à appeler ma belle-mère « maman ».

J'ai protesté, j'ai pleuré un peu, puis finalement, je m'y suis habituée.

C'était un nouveau règne, les règles venaient de changer, je ne m'appelais plus Soleil, je ne m'appelais que Marie. En fait, j'aurais pu avoir un numéro, ça aurait été pareil. Après quelques minutes de guili-guili, je suis vite passée au dessert ; en fait, il n'y en avait pas, c'était seulement le premier jour. Ma belle-mère ne m'aimait pas, mais elle aimait mon père. Et nous étions là. Voilà comment s'est terminée mon enfance.

Des années traumatisantes de violence, d'angoisse, de solitude, d'isolement, de désespoir et d'humiliation ont suivi. Ce furent des années de calvaire, loin de mon paradis.

Certes, il y a eu quelques oasis de paix, des fêtes d'enfants et la gentillesse des grands-parents. Il y a eu des professeurs, des voisins, des amis remplis d'amour qui ont mis du soleil dans nos vies.

Il y a eu, surtout, nous trois. Pendant des mois, on a dormi agrippés dans le même lit, mon frère, ma sœur et moi, par peur d'être séparés. Mon père et sa femme avaient parfois leurs bons moments : le calme après la tempête, il s'agissait d'élans de pitié.

3

Adaptation difficile

Ma belle-mère a été courageuse, disait-on, de prendre la responsabilité de trois enfants en bas âge qui n'étaient pas les siens. Je ne connais pas les circonstances exactes entourant la séparation de mes parents biologiques et du remariage de mon père avec cette femme. Tout ce que je sais, c'est que la garde partagée, qui avait été décidée par la cour, n'a pas été respectée.

J'ai su, des années plus tard, que ma mère n'était pas morte et qu'elle avait beaucoup souffert de cette séparation brutale ; moi aussi. Mais je n'avais aucun pouvoir sur ma vie à ce moment-là, j'étais à la merci de mon père et de sa nouvelle épouse.

Certains enfants vivent des séparations d'avec leurs parents ; certains pères et certaines mères sont mis de côté, et privés de la jouissance de leur rôle parental.

C'est fréquent. D'ailleurs, au début des années 80, à l'école, j'étais une des rares qui vivait dans une famille reconstituée, mais au fil du temps, ça a changé, et j'ai entendu parler de plus en plus souvent de situations comme la mienne.

Bien sûr, comme bien d'autres enfants du divorce, j'ai vu la souffrance que ces déchirements entre adultes provoquent, et en tant qu'enfant, j'ai écopé. Mais une chose est claire, il y a une démarcation nette entre séparation et maltraitance. Des parents séparés peuvent être d'excellents parents et un couple uni ne garantit rien. Une peine d'amour, ce n'est pas une permission pour la violence, ça se passe entre deux adultes, ça devrait en rester là.

J'ai eu de la difficulté à accepter cette nouvelle femme dans la vie de mon père, je l'ai d'abord rejetée, puis tolérée, puis acceptée. Ça a bien sûr affecté notre relation, et ce, dès le début. J'étais distante et j'étais révoltée parce que j'étais séparée de ma mère. La gentillesse de nouveaux grands-parents et leur présence ont été des facteurs qui m'ont aidée à avoir un certain équilibre.

Je devine que mon père était très affecté par tout ce qui s'était passé. Il avait le regard triste. Toute sa vie était bousculée ; il devait ramasser tous les morceaux, et en même temps, il ne pouvait pas vraiment s'évader de son quotidien. Trois enfants déracinés par sa faute avaient besoin de retrouver la stabilité.

La plupart du temps, mon père était patient et attentionné, mais parfois, dans le brouhaha de la vie quotidienne, il devenait irritable et s'impatientait. Ça retombait sur nous. Puis, il y a eu des périodes plus noires, au cours desquelles il nous battait de façon récurrente, et parfois, sans motifs. Les difficultés de la vie l'ont lourdement amoché lorsqu'il était enfant, disait-il, et nous étions victimes de ses humeurs.

Mon père n'était pas vraiment violent à mes yeux; je me disais qu'il exécutait les commandes de ma belle-mère, qui le manipulait constamment. Mais ce n'était pas un alibi suffisant. Parfois, il agissait de sa propre initiative. Mais peu importe, ça faisait mal. J'ai longtemps pensé qu'il était un parent incompétent qui manquait d'outils pour négocier avec nous et se faire écouter. Je lui pardonnais instantanément quand il semblait regretter son geste et qu'il tentait de le réparer. Ce qu'il faisait très souvent. Mais les dégâts étaient quand même faits.

J'en suis arrivée à ne plus faire la différence entre une punition normale que je pouvais mériter ou un accès de colère injustifiée. Notre situation n'était pas du tout claire, tout le monde vivait de gros changements et nous survivions du mieux que nous pouvions en fonction des priorités du moment. Mais nous n'étions que des enfants.

4
Épisodes dépressifs

Enfant, je traversais des épisodes dépressifs : je me sentais triste, seule et malheureuse. Je pleurais beaucoup et je m'isolais dans ma chambre. Je me réfugiais souvent dans mes pensées et je me sentais rapidement épuisée, démotivée. Je vivais les petits conflits avec une grande intensité et j'ai commencé tôt à chercher des réponses pour comprendre mon mal de vivre.

Dès l'âge de huit ans, je me suis mise à écrire mes états d'âme, je me racontais des histoires dans lesquelles une maman de l'espace venait retrouver sa petite fille et la ramenait avec elle. Très tôt, je me suis mise à faire des cauchemars liés à des idées de fuite. Ma première tentative de fugue a eu lieu lorsque j'avais huit ans aussi. Je tentais de fuir la violence familiale et ma détresse émotionnelle.

J'étais visiblement très ébranlée par ma séparation d'avec ma mère, mais les adultes qui m'entouraient ne savaient pas quoi faire. Ils n'avaient peut-être pas les outils à ce moment-là pour me proposer des solutions de remplacement au silence et à l'oubli. Le climat familial instable et incertain m'affectait beaucoup. Je réagissais mal aux corrections physiques, j'étais sensible, cassante. Le lien de confiance avec mes parents s'est vite rompu. Je me sentais coupable. Je me demandais ce que j'avais pu faire de si horrible, à quatre ans, pour être, du jour au lendemain, privée de la présence de ma maman.

J'ai élaboré des tonnes d'hypothèses dans ma tête d'enfant, et sitôt, j'ai tenté de me punir, de me racheter. Je voulais devenir parfaite, pour me faire pardonner cette séparation. J'ai perdu la tendresse de ma mère, ses caresses et son attention, et je n'ai jamais retrouvé tout cela. J'ai perdu le plus grand amour de ma vie, sans raison. Je me sentais prise en otage, loin d'elle. J'étais emprisonnée pour un crime que je n'avais pas commis.

À la maison de mes parents, j'ai essayé de devenir parfaite; je les faisais rire, et très jeune, je faisais le ménage, je déblayais la cour, je déplaçais des dalles qui pesaient presque la moitié de mon poids et j'entrais du bois. Lorsqu'on m'imposait de nouvelles tâches, j'acquiesçais sans rechigner, espérant secrètement regagner mon salut, puis retourner auprès de ma mère.

Mais les années passaient, je me sentais dévalorisée, ridiculisée, humiliée par les coups, blessée par les insultes, sevrée par le manque de tendresse. Je suis devenue de plus en plus invisible, transparente, dépersonnalisée. J'avais de beaux moments aussi, de plus en plus rares. Je me suis mise à rêver de plus en plus, et à oublier, de plus en plus. J'avais troqué ma spontanéité par de la méfiance, ma confiance par une impression de ne rien valoir, d'être l'esclave de mes ravisseurs, d'être une enfant-adulte oubliée. Je mourais petit à petit, comme si je n'étais jamais née.

De souvenirs en réminiscences, j'oubliais mon passé de petite fille gâtée et comblée, qui jouait à la princesse sous le regard amoureux de sa maman. J'étais devenue une princesse sans royaume, dépossédée et mélancolique, et trop tôt, désillusionnée. Le choc a été terrible, je perdais mon soleil : je suis passée, en 24 heures, de l'abondance à la détresse, j'avais perdu ma liberté.

Je me sentais de plus en plus souvent déprimée. Je dormais beaucoup, même durant la journée. Les weekends, et surtout durant le temps des fêtes, c'était pire. J'étais perméable aux humeurs des autres, je subissais leur colère et leurs frustrations. Je réagissais de moins en moins fortement, de moins en moins souvent.

Je me suis mise très tôt à jeûner, deux, trois, quatre jours s'il le fallait, je protestais contre la violence dans mon monde, contre le mépris, contre l'abandon. Je faisais le ménage deux, trois, cinq, huit heures de file et si je n'étais pas épuisée, je recommençais. Au fond, j'espérais que mon père cesse de me frapper sous les ordres de sa femme, en voyant que j'étais parfaite. Mais l'équation ne se faisait pas dans sa tête.

En présence de mes parents, je vivais un conflit de loyauté, je me suis mise à les détester, puis à me sentir coupable quand on vivait de bonnes journées et qu'ils étaient corrects, puis à les aimer, et après chaque nouvelle raclée, je les détestais, puis je me sentais coupable, puis je leur pardonnais, puis je les aimais de nouveau, et le cycle recommençait.

5
Difficultés familiales

J'aurais tellement eu besoin qu'on me console, que quelqu'un me prenne dans ses bras et me dise que ce n'était pas ma faute ; je n'étais qu'une enfant, sans défenses.

J'ai fait une première tentative de fugue qui a vite avorté, à l'âge de huit ans, à la suite d'un épisode de ma vie au cours duquel j'ai subi trop de violence. J'avais des raisons de fuir, j'étais devenue le mouton noir de la famille. Je me sentais seule, rejetée par ma belle-mère, subissant les foudres de mon père. C'était difficile d'avoir des amis à l'école, je n'avais personne à qui me confier, je ne me sentais pas en sécurité, j'avais de la peine et je m'ennuyais de ma mère. Pour contrer la violence familiale, j'ai misé tôt sur l'autoperfectionnement, l'écriture, la lecture et le jeûne. Il y a eu des fois où j'ai passé plus de 96 heures d'affilée sans manger.

Combien de fois ai-je préparé ma petite valise ? Combien de fois me suis-je retrouvée les pieds nus dans la neige, courant comme une petite déchaînée pour me sauver de la rage de mon père ? J'avais huit ans, il venait de me ramasser au vol, sur la galerie, pour me battre encore plus fort, et je lui disais non. « Non, je ne vais pas la faire la tarte aux pommes avec la belle-mère, c'est elle qui t'appelle pour te demander de nous frapper. Oui, je vais continuer de défendre mon petit frère de toi. »

Ma réalité, pendant plus de 10 ans, a été de me faire tabasser, de me faire casser le caractère à m'en rendre 100 fois plus révoltée, à me faire battre par mon père avec la bénédiction et les encouragements de ma belle-mère.

La violence n'était pas que physique. Elle était perverse. J'étais agressée malgré mon refus, j'étais humiliée, brutalisée. Ça fait très mal en dedans, ça culpabilise, ça traumatise, ça isole, ça laisse des marques profondes, ça fait dormir en ayant peur la nuit, ça donne envie de se sauver tout le temps, ça brise l'enfance. Je me suis fait lancer dans le cadre de porte à huit ans, alors que j'aurais juste eu besoin de me faire bercer. Ça m'a affectée lourdement.

Puis, j'ai arrêté d'avoir peur, de crier, de pleurer, de rire, d'espérer. Je serrais ma petite chatte très fortement contre mon petit corps, en lui promettant qu'un jour, on s'enfuirait très loin, et que je la protégerais. À 10 ans, je me suis levée de table et j'ai dit à mon père : « Il faut être malade pour être capable de frapper son enfant. »

Après des années à me faire traiter de tous les noms, à me faire critiquer pour des riens et à supporter la menace constante d'une prochaine raclée, j'ai craqué sans m'en rendre compte. Ma vie de famille, c'était des silences lourds, du chantage affectif, des surnoms dégradants, l'interdiction d'avoir des amis et de sortir avec eux.

Ce que j'entendais le plus souvent, c'est que j'étais folle, que j'avais un esprit de démon, que mon père regrettait de m'avoir mise au monde, que je n'étais qu'une bâtarde écervelée, que les gens me fuyaient, que je souriais comme une putain, que j'étais grosse. Et ça, ce n'est que la préface du discours de ma belle-mère à mon endroit.

Parfois, il y avait des pauses, quand mon père et ma belle-mère dénigraient mon frère ou ma sœur devant moi. Je réagissais, ça finissait en coups de pied dans les reins, en coups de poing dans le dos, en coups de serviettes tordues, en coups de balai derrière mes petites jambes et en regards de glace de celle que je voyais comme une marâtre. Elle avait tellement l'air de jouir de nous voir crier à en perdre la voix ! Nous tenions nos petits bras contre nous tellement ça faisait mal, repliés en petite boule, le visage enflé. Oui, disait-on, elle a eu beaucoup de courage de prendre soin des enfants ingrats d'une autre.

Vers 16 ans, alors qu'il était sur le point de me frapper, j'ai dit à mon père que la prochaine fois qu'il levait la main sur moi, je l'envoyais en prison. J'en étais rendue là, moi, la révolutionnaire, l'insoumise, l'incassable, l'arrogante, la démone, les grandes cannes, la bonne à rien. J'espérais être aimée et avoir un peu de tendresse, crachant du sang, couchée en chien de fusil, le fond de culotte mouillé, au milieu de la cuisine.

Je leur en ai voulu pour la violence qu'ils m'ont fait subir dans l'enfance, mais je n'ai jamais osé me permettre de ressentir cette émotion, cette rage, cette colère ; j'étais une adepte inconditionnelle du pardon, parce que je me disais que c'était seulement moi.

J'en ai voulu à mon père pour les coups de ceinture (du côté de la boucle en métal, bien sûr) sur les doigts ; je me suis fait cogner la tête contre le cadre de la porte ou sur le beau coffre de cèdre que sa femme avait acheté en voyage. J'ai arrêté très jeune de compter les coups de pied dans le ventre, surtout dans le temps des fêtes ; je détestais les vacances.

Au fond, c'est surtout à ma belle-mère que j'en voulais. Son regard jouissif pendant qu'on souffrait le martyre, comme si elle regardait un match de boxe. Dans le coin droit, un homme bien planté qui a déjà été boxeur, et de l'autre, une fillette de huit ans qui a oublié de laver le plancher.

Mon père avait ses préférences, il évitait les objets contondants ou les sévices laissant des marques trop incriminantes. Le front, ça va, ça cicatrise bien et tous les enfants peuvent se blesser. Alors, la serviette mouillée et tordue était plus indiquée.

Mon père évitait le plus possible de poser les doigts sur nous, Dieu merci, alors il utilisait des objets, agrippant ma petite camisole pour me lancer contre le mur. Il attaquait toujours d'une façon assez imprévisible, rapidement. Parfois, ça se passait si vite que je terminais mon casse-tête sans vraiment réaliser ce qui venait de se passer.

Au début, je tentais de le raisonner, je disais « Non, non, non, pitié, pitié », mais j'ai vite constaté que ça ne servait à rien et que ça réveillait davantage sa violence. Plus je criais, plus il avait le sentiment de me dominer ; je voyais ce regard fou dans ses yeux, et je me suis dit : il l'est. Alors j'ai arrêté de pleurer pendant quelques années, de réagir aussi, de rire, de crier.

Au début, il était déstabilisé, il me frappait plus fort, mais je me laissais faire, je ne cherchais plus à me débattre. Je les laissais prendre leur pied, elle en regardant le match et lui en frappant comme un débile une toute petite personne.

Ça a presque marché, il me frappait de moins en moins longtemps, et à long terme, de moins en moins souvent. Il préférait gueuler des soirées entières que j'étais ci ou ça. Je gardais quand même l'œil ouvert. Il me frappait, quand ce n'était pas assez satisfaisant de hurler comme un déchaîné dans la cuisine, à tourner en rond autour de l'îlot central, cherchant désespérément quelqu'un de plus petit que lui à démolir.

Je ne peux en parler qu'avec un brin d'ironie, parce que c'était l'attitude que j'avais développée, un humour noir, sarcastique. Son délire s'est mis à durer de moins en moins longtemps. Rapidement, je lui donnais raison, il m'arrivait de finir par lui proposer d'aller me suicider. Il était alors confus, il balbutiait quelques murmures incompréhensibles et il sortait de la maison en disant : « Voyons », comme s'il sortait d'un coma profond.

Il me répétait constamment que mon attitude l'affectait beaucoup. Je ne riais plus comme quand j'étais toute petite. En fait, tant qu'à rire, je préférais que ça finisse en envolée sur le plancher après qu'il m'eut agrippée à la tête. C'était d'ailleurs là où il me frappait le plus souvent. Comme s'il avait voulu que sa violence s'incruste dans chaque cellule de mon cerveau, qu'il n'avait pas encore écrasé en me donnant des coups de pied sur la tête, en me cognant sur le plancher ou avec ses souliers. Il détestait le contact direct.

C'était surréel. Mon visage était constamment enflé. J'avoue que, devant eux, j'évitais de pleurer, mais la nuit, en fait, je pleurais continuellement. J'avais le visage enflé presque en permanence, les yeux cernés, la peur infiltrée dans chacun de mes pores, ça m'enlaidissait, c'est sûr. Alors, à l'école, je n'étais pas la plus populaire. En plus, j'étais mal habillée, alors je n'avais pas beaucoup de cartes dans mon jeu, sinon le fait que j'étais douée en classe. Il m'arrivait même d'avoir du plaisir à y aller.

Même s'ils étaient, à mes yeux, la plus grosse menace qui soit, mes parents entretenaient une paranoïa aiguë que l'on se fasse enlever par des étrangers. Les mesures qu'ils prenaient en venaient même à m'atrophier, surtout à l'adolescence : interdiction de sortir, de voir des amis en dehors de l'école, téléphone sous écoute, caméra vidéo dans le salon, etc.

Le monde extérieur semblait rempli de dangers imminents et de fous furieux en liberté. Malgré leurs soi-disant bonnes intentions, la violence physique et psychologique régnait au sein de la maison, le climat de tension s'intensifiait et mon impression de vivre dans une prison à haute sécurité grandissait.

À cause de ce que je vivais, je me suis mise à ressentir une peur constante, j'étais anxieuse et angoissée, et j'avais des moments de désespoir après chaque incident violent. Je suis devenue de plus en plus pessimiste et triste. Je crois même avoir été dépressive une bonne partie de mon enfance et pendant une bonne partie de mon adolescence, surtout pendant la période des fêtes.

Au fil des années, j'en suis venue à oublier les beaux moments de ma jeunesse : le zoo, les festivals d'été, le chalet et les petits voisins. J'étais confuse face à mes parents, je n'arrivais plus à voir leurs bons côtés. Pour des raisons idéologiques, ils ne nous amenaient pratiquement jamais à l'hôpital et ne juraient que par les médicaments dits naturels. En fait, si je me souviens bien, à 10 ans, ils m'ont emmenée à l'hôpital pour un œil enflé comme une grenouille. J'ai failli le perdre. Cette fois, c'était réellement un accident.

Pour passer le temps, j'ai écrit continuellement, pleuré tous les jours pendant des années, j'ai fui dans les rêvasseries et j'ai entretenu un idéal de perfection. J'ai tenté de parler de ma situation de violence familiale à l'école, j'ai éclaté en sanglots dans la classe, mais cette tentative a vite été avortée par l'attitude de mes parents. J'étais traumatisée par le souvenir lointain d'une vieille tante qui m'aurait battue, et ça m'aurait marquée, et j'ai confondu mes souvenirs, ont-ils expliqué aux gens qui auraient pu m'aider. Mon enseignante les a crus. J'ai eu une raclée qui ne m'a pas incitée à les trahir de nouveau. Rien ne changeait à la maison.

6
Un petit cadeau de la vie

Quand j'avais près de 10 ans, mon demi-frère est né. Un beau cadeau de la vie, un petit miracle. Je l'aimais énormément et j'étais très fière de lui. Je rivalisais avec ma belle-mère pour avoir son attention. Il me faisait de belles cartes de fête à l'école, pleines de tendresse et d'attention. Il me montrait ses bulletins, se confiait à moi. Je passais beaucoup de temps avec lui. Il était mon oasis de paix dans cette maison de guerre.

Quand on se faisait battre, ça me blessait encore plus quand c'était devant lui ; je ne voulais pas qu'il vive ce type de violence. Mon père n'avait aucun pouvoir sur lui, ma belle-mère le surprotégeait. Mon père ne l'a jamais battu. Le petit se confiait beaucoup à moi, je l'écoutais et je l'accueillais. Je n'ai jamais ressenti de jalousie. On a neuf ans de différence, et dès que je l'ai eu dans mes bras, je l'ai vu comme mon bébé.

Ma belle-mère était très jalouse de notre complicité. C'était facile de rire ensemble, on se ressemblait beaucoup, on avait beaucoup d'affinités. Je n'avais pas l'impression qu'il prenait ma place : je n'en avais jamais eu. La vie me donnait un ami, un être précieux que je pouvais guider et protéger.

Pour gâcher ces instants de bonheur, chaque fois qu'elle le pouvait, ma belle-mère ne manquait pas de me faire le moindre reproche. « Tu marches trop vite à ses côtés ; tu l'as laissé jouer dehors trop longtemps, c'est pas intéressant pour un enfant de jouer avec quelqu'un de ton âge ! » J'ignorais ma belle-mère du mieux que je pouvais en tentant de faire mieux et d'être parfaite.

Mon père n'intervenait jamais, sinon pour me battre ou me dire des méchancetés. En raison du sourire de satisfaction que mon père avait quand il nous battait et nous insultait, je croyais qu'il était malade et déséquilibré et qu'il se défoulait égoïstement sur nous, comme s'il avait eu envie de détruire quelque chose de beau. J'ai été très soulagée que mon petit frère soit épargné.

Mon père et sa femme tentaient constamment d'établir une hiérarchie à la maison, de démontrer de toutes les façons possibles qu'ils valaient mieux que nous, eux et mon petit frère, et que nous étions des chiens. Nous mangions après, et souvent, c'était froid. Toutes les corvées que nous devions faire, enfants, la terreur et la violence que nous avons subies, ça ne s'appliquait pas à mon demi-frère et c'est une chance qu'il ait été épargné.

7
Treize ans

Quand j'ai eu 13 ans, l'attitude de ma belle-mère a empiré à mon endroit et je me suis beaucoup éloignée d'elle. J'avais le sentiment que j'étais devenue sa rivale, quelqu'un de trop sur son territoire. Dès que nous avions des mésententes, elle me menaçait constamment de se débarrasser de moi, de me retourner dans ce qu'elle nommait la famille de fous et de sorcières de ma mère, que je croyais morte et que je ne connaissais pas.

Pour en finir, j'ai fait une première tentative de suicide, à 13 ans, en avalant une bouteille de pilules, mais il s'agissait de médicaments naturels, alors je n'ai eu que la diarrhée. J'ai agi ainsi parce que je traversais un moment de désespoir, un autre sempiternel conflit avec ma belle-mère, un autre rejet, une autre déchirure, un creux insupportable.

Le lendemain, je me suis réveillée, puis la vie a continué. Je devenais fataliste, indécise, instable, impulsive, presque autiste à force de vivre dans une réalité familiale déformée. J'ai commencé à lire sur des thèmes graves, je comprenais que je vivais dans une famille dysfonctionnelle, avec des parents perturbés. Je savais qu'ils avaient tous les deux vécu des situations difficiles et qu'ils nous élevaient avec ce qu'ils étaient à ce moment-là. Mais ce n'était pas suffisant, je voulais l'absolution, du changement.

Lorsque j'étais adolescente, je ne demandais pas la permission de sortir ni de fréquenter des garçons, je n'étais invitée à aucune fête et les bars m'indifféraient. Je passais beaucoup de temps à la bibliothèque et j'écrivais. Je me réfugiais dans mon monde intérieur, évitant du mieux que je pouvais la fougue impulsive et psychotique de mes parents. Mon père nous battait un peu moins, mais ma belle-mère m'insultait davantage ; de la violence psychologique à la cruauté mentale, je n'avais que le déni, la fuite et la rhétorique pour me défendre de ces attaques injustifiées.

Un jour, j'ai demandé à ma belle-mère pourquoi elle me diminuait tout le temps, qu'est-ce que je lui avais fait pour qu'elle soit si méchante avec moi, pour qu'elle me déteste autant. Elle n'a rien dit, comme d'habitude ; elle fuyait dans le jardin ou dans sa chambre, et le lendemain, j'étais redevenue une folle, une putain, un esprit de démon, une maudite.

Ne sachant plus quoi faire pour qu'elle cesse de s'acharner sur moi, je me suis mise à jeûner plus longtemps ; par culpabilité, elle venait me supplier d'arrêter et faisait une trêve, mais dès que j'avais l'air rétablie, ses flèches empoisonnées reprenaient de plus belle. J'étais là pour qu'elle puisse se défouler, j'étais docile, accessible, captive de tous ses états d'âme, fragile, influençable : un pion. Je me suis alors rendu compte que ne l'aimais pas et que je ne l'avais jamais réellement aimée, car elle me détruisait à petit feu et semblait y prendre plaisir.

Elle était toute contradiction, surtout devant les autres, une mère attentionnée, dévouée, qui a sacrifié sa liberté pour élever les enfants d'une autre. Et moi, je l'excusais pour ses crises de rage. Quand elle était hors d'elle, c'est comme si elle perdait le contrôle, elle devenait quelqu'un d'autre et se sauvait dès qu'elle retrouvait la raison.

C'était confondant pour moi de voir une personne gentille qui me cousait une petite robe d'été et qui, l'instant d'après, me mettait tous les échecs de sa vie sur le dos en m'insultant. Je me disais qu'elle devait souffrir beaucoup, sinon ça n'avait aucun sens. Comment un adulte peut-il s'acharner ainsi sur des enfants qui n'ont rien demandé de tout ça ? J'étais perplexe, confuse, coupable, dépersonnalisée.

J'ai eu de la difficulté à me forger une identité ; ce que j'étais et l'image que je projetais ne s'harmonisaient pas. Puis, je voulais devenir de plus en plus gentille, pour finalement devenir encore plus perméable à ses attaques. J'étais dépendante d'eux et vulnérable, je n'avais aucun moyen de fuir ou de me protéger.

Parfois, mon père s'en mêlait : j'étais ingrate, il avait fait des sacrifices pour nous, je n'étais pas son enfant, j'étais un esprit vide. Les crises de mon père raisonnaient comme le désespoir, une détresse encore plus profonde et contagieuse que celle qu'il provoquait. Le lendemain, il m'élevait au rang des grands esprits et saluait ma bonté, mon courage, mon intelligence et ma gentillesse, pendant qu'un autre enfant subissait son lot d'insultes. Alors, je les ai disqualifiés comme parents et comme conseillers.

Je peux dire que je n'ai pas réellement connu ces personnes parce que leurs visages changeaient trop souvent ; j'ai dû mettre un voile entre eux et moi pour m'immuniser. Chaque jour, je ne rêvais que d'une chose : mes 18 ans.

La violence physique que j'avais vécue me branchait sur un sentiment de rejet. Je me suis longtemps sentie contagieuse, indésirable, méchante, sans valeur, sans défense, victime de bourreaux qui ont tous les droits. La cruauté mentale, pour sa part, est ambiguë, troublante, intangible, indiscernable. Ma belle-mère m'a transpercée sans objet contondant.

8
Les nuits d'angoisse

Adolescente, j'étais de plus en plus stressée, alerte et aux aguets. J'analysais tous les petits détails qui pouvaient dégénérer en une autre attaque, une autre crise, un autre moment d'horreur. J'avais de la difficulté à être en contact avec mon corps et mes propres sensations. La fatigue me surprenait, je pouvais passer des journées sans manger, je ne ressentais pas beaucoup l'appétit.

J'étais facilement désorganisée, je pouvais passer des journées dans mon lit, complètement paralysée par l'anxiété. Je n'arrivais pas à contrôler mon angoisse, elle avait le dessus sur moi. Elle était intrusive, envahissante, abrutissante. Je faisais tout de plus en plus rapidement : marcher, manger, laver le linge sale. Comme s'il y avait continuellement une urgence de faire ce que j'avais à faire, au cas où quelque chose de terrible m'arriverait.

Une des conséquences de ces années de stress, de coups durs et d'incertitudes a été la grande place qu'a pris l'anxiété dans ma vie. J'étais nerveuse, agitée et je m'épuisais rapidement. Ces années, dans ma petite chambre, à décoder tous les risques qu'une crise parentale survienne et me prenne d'assaut, ne m'ont pas aidée.

Puis, il y a eu l'époque des continuelles menaces secrètes de ma belle-mère ; chaque frustration faisait en sorte qu'elle me menace de m'expatrier dans un endroit pénible et misérable. Alors, pour mériter de poursuivre mon exil, je devais être parfaite et davantage, car chaque erreur en était une de trop. Je devais analyser chaque geste d'impatience, de frustration et d'insatisfaction, car ça pouvait avoir une portée grave.

Je me demandais comment j'allais survivre, seule, à l'extérieur, dans le froid, sans famille et sans argent. Les menaces de ma belle-mère pesaient fort sur moi. J'étais jeune, impuissante et vulnérable, et je subissais beaucoup de cruauté mentale. J'étais très seule, isolée, sans permission de sorties, sans amis, donc avec très peu de contacts avec l'extérieur.

Je pleurais très souvent ; j'en ai mouillé des oreillers ! Et j'ai serré souvent mes chats dans mes bras, contre mon petit torse frêle et tremblant, le cœur gros, les yeux vers le ciel, ne rêvant que de répit, de repos, de tendresse et de paix. J'ai écrit, j'ai prié.

Beaucoup de souffrances et de blessures à vif, durant des années, ont modelé cette peur du rejet, de l'abandon, de l'exil, de la trahison. Alors, je ne connaissais que le repli, l'attente et la fuite. Je n'avais pas la chance de m'épanouir, mais j'avais la volonté de réussir malgré les obstacles et les défis à relever. Je m'investissais dans mes études et je me consacrais aux éléments de ma vie qui allaient bien et que je pouvais contrôler. Mais cette peur du rejet est restée ancrée en moi.

Il y a eu toutes ces nuits d'angoisse, dès l'adolescence : je ne savais pas si le lendemain j'allais avoir un toit, si j'allais avoir faim, si j'allais me faire battre. Des nuits de maux de ventre, de grippes interminables, des nuits froides, tristes, angoissantes, durant des années. Mes valises étaient prêtes au cas où mon père deviendrait trop violent, au cas où ma belle-mère sentirait que je prends trop de place, au cas où elle aurait l'impression que je lui vole l'attention de son fils, de sa mère, des voisins, des autres.

À l'adolescence, plus que jamais, la maison est devenue une prison à haute sécurité, les lignes de téléphone étaient surveillées, tapées, la caméra vidéo nous surveillait dans le salon et ma belle-mère fouillait continuellement dans mes affaires. Je n'avais pas le droit de sortir ni d'avoir d'amis en dehors des heures d'école. Alors je lisais, enfermée dans ma chambre, pour survivre. J'écrivais, je rêvassais et je pleurais. Ma belle-mère faisait tout pour briser le lien entre ma sœur, mon frère et moi et elle faisait tout pour nous diviser. Alors, l'isolement devenait de plus en plus lourd à porter.

En fait, depuis mes premières menstruations, elle ne pouvait déjà plus me sentir. Nos caractères étaient incompatibles, j'étais l'enfant d'une autre femme. Elle avait ses raisons. Elle n'était que ma belle-mère, elle n'était pas obligée de m'aimer. Je n'étais que de passage dans sa vie. Ça a brisé beaucoup de choses, ravagé des parties de moi et anéanti d'autres espaces à l'intérieur de mon être. Ce ne sont que des années plus tard que ces lambeaux ont repris vie.

Durant mon adolescence, malgré un constant dédain et mépris de leur part, sauf devant la parenté et les inconnus, il y a eu des tentatives de réconciliation avec mes parents. J'ai traversé des épisodes d'horreur, dont un incident de négligence criminelle que je passerai sous silence, mais qui a failli me coûter la vie, pour la simple et unique raison que ma belle-mère voulait se venger parce que je lui avais menti à propos d'une sortie d'école. J'avais besoin de gagner leur amour. Malgré la jalousie grandissante de ma belle-mère, laquelle lui transpirait sur le visage, j'avais espoir de devenir une bonne personne qu'ils finiraient par aimer. C'était assez pour que ma belle-mère emploie d'autres qualificatifs pour parler de moi : idiote, pas de tête et nouille. Elle me ridiculisait en continuant de me traiter de traînée, même si je n'avais d'œil que pour mes livres.

Je comprenais de plus en plus pourquoi elle me détestait. Je représentais ce qu'elle détestait le plus au monde, à mesure que je devenais une femme ; sa jalousie devenait maladive. Elle ne reconnaissait plus l'enfant en moi, je devenais l'intruse dans sa maison, le portrait tout craché de ma mère. Elle ne m'a pas épargnée.

En fait, nous cohabitions tous dans la même cellule, prisonniers des fantômes de leur passé. L'amour était rare.

9
Ma dernière raclée

La dernière fois que mon père m'a battue violemment, j'ai eu la tête fracassée à maintes reprises contre le coin de comptoir de cuisine et ma vessie a éclaté ; je me suis retrouvée souillée par mon urine. Je saignais et je tremblais pendant que ma belle-mère riait.

Après cet accès de rage parentale, je suis retournée dans ma chambre que je partageais avec mon frère, j'ai lu des pages de la Bible et j'ai prié, le souffle coupé, incapable de pleurer. J'ai récité des psaumes, et cette fois, je me souviens d'avoir supplié, en prière, ma mère de venir me chercher.

Après une fugue, quelques semaines plus tard, car mon père menaçait de me défigurer, je me suis retrouvée deux semaines en famille d'accueil, puis je suis retournée à la maison, car je refusais obstinément de les poursuivre en justice comme me le suggéraient les intervenants des services sociaux.

Pourquoi ? Parce que je me sentais coupable et, surtout, parce que je ne voulais pas perturber la vie de mon demi-frère qui, lui, n'était pas battu. Je l'aimais du fond du cœur et il était encore à la maison.

Alors, même si mon père menaçait sérieusement de me défigurer, lors de l'un de ses habituels délires, car je ressemblais trop à maman, je suis retournée à la maison. Ma belle-mère, mise au pied du mur par les services sociaux, a menti comme elle respire et m'a dépeinte comme une délinquante à contrôler. Selon elle, j'étais sur le point d'être entraînée dans un réseau de prostitution juvénile à l'étranger. Ça pouvait paraître farfelu de prime abord, mais c'était monnaie courante.

Je n'ai jamais su si elle croyait vraiment à ce qu'elle racontait : si oui, elle était folle et on aurait dû l'interner. Elle mentait peut-être délibérément et manipulait peut-être tout le monde afin de préserver intacte sa liberté de nuire : si c'était le cas, elle était réellement un monstre.

10

Départ de la maison

Après avoir été, pendant plus de 10 ans, emprisonnée pour un crime que je n'avais pas commis, je quittais cette cellule institutionnalisée, écorchée, désillusionnée et affaiblie. J'arrivais dans le monde comme si j'arrivais d'une autre planète. Par chance, mes livres m'avaient permis de me faire une idée de ce qu'il y avait en dehors de cette prison.

À 17 ans, je pars vivre chez les parents de mon seul ami, qui insiste alors pour que l'on se fréquente. Notre relation dure quatre ans. C'était un très bon garçon, chrétien, droit, intègre, attentif et respectueux.

J'ai eu de moins en moins de contacts avec mes parents, et ces rencontres étaient de plus en plus formelles. Le peu de rencontres que j'avais avec eux suffisait à renforcer mon impression d'ingratitude et de culpabilité.

Ils savaient pertinemment comment attiser ma pitié et comment m'arracher des excuses, sous prétexte que j'avais brisé l'unité familiale et que je leur avais fait de la peine.

Mon père s'est mis à souffrir d'un mal sans diagnostic, il avait l'air en phase terminale, malgré sa corpulence ; il avait les yeux vides, la voix étranglée, le souffle interminable, et quand un accès de rage ne le prenait pas, il revenait rapidement à lui et le spectacle continuait. Alors, c'était la manipulation qui laissait place au chantage, quand il n'était pas question de menaces et d'accusations.

Dans ce contexte, c'était difficile pour moi de continuer à rêver d'une famille parfaite. Puis, suivirent quelques années d'instabilité et de débrouillardise. Les seules constances : mes réussites scolaires et mon désir de m'en sortir.

11
Mes oasis de paix

À moins de voir tout en noir ou tout en blanc, c'est impossible de vivre une vie sans bonheur, sans tendresse, sans amour et sans paix. Parfois, dans le brouillard de la détresse, on oublie ces instants. Même s'ils ne sont pas plus nombreux que les coups durs, ils ont de l'importance, ils nous aident à nous construire.

Durant ma petite enfance, j'ai eu le privilège de connaître ma mère pendant quatre ans. Je peux dire que je suis partie du bon pied : j'ai été désirée par elle, allaitée et aimée dès le premier instant. Maman me coiffait les cheveux tous les matins. Je me souviens de son affection et de sa tendresse. Maman m'aidait à faire mes devoirs au retour de la petite école à trois et quatre ans. Nous nous baladions dans le bois main dans la main. Je me souviens de l'église, de la rivière, du jardin, des moments doux passés en sa compagnie.

L'amour de ma mère, c'est le plus grand héritage de ma jeunesse. Je sais que, quoi qu'il arrive, j'ai été désirée, aimée et chérie. Cela m'a aidée à grandir, même en son absence.

Même après avoir été séparée d'elle, j'ai connu d'autres oasis de paix. Je venais d'avoir cinq ans et j'étais dans ma nouvelle ville. Grand-maman et grand-papa sont venus chez nous pour nous apporter des jouets. J'ai joué dans la neige avec mon frère et ma sœur, il y a eu le bazar, les marches dans le bois, la maison de carton que j'ai fait avec ma belle-mère, les bains d'argile, les anniversaires d'enfance, la maternelle, le cadeau que j'ai gagné à l'école en première année, mon ami du chemin de l'école et nos chansons, mon petit chat Grisou, les étés au chalet à faire des tipis et des expéditions sur la rivière avec ma belle-mère, les glissades en luge au chalet, les jeux de société, l'eau de source et le poêle à bois.

Aller chez grand-maman et grand-papa et les voir au chalet, m'asseoir aux côtés de grand-maman au soleil; m'asseoir sur une roche et jouer avec les chiens du voisin, aller voir les chevaux d'un voisin et cueillir des bleuets, taper des romans sur la machine à écrire et enregistrer des histoires sur la petite enregistreuse, faire des pièces de théâtre avec les enfants du voisinage et mon séjour dans un camp près de la rivière.

Faire de l'athlétisme à l'école et dans la rue et gagner des prix, faire mes devoirs au primaire avec ma belle-mère, boire de l'eau d'érable de grand-papa, l'aider à faire de la menuiserie et des rénovations, assister aux accouchements de mes chattes et m'occuper des chatons.

Comme bien d'autres enfants, j'aimais manger des sucreries en cachette avec mon frère, aller à la bibliothèque, fouiller dans les rangées et lire sur place de longues heures, aller au marché et goûter du miel, du fromage et des pommes, dire bonjour au brigadier, faire des châteaux et des bonshommes dans la neige et manger des glaçons. Je suis allée patiner au parc, j'ai joué au magasin dans le sous-sol avec mon frère et ma sœur, j'ai joué à l'école, aux petits bonshommes et à la cuisine.

Construire un château dans le salon avec mon petit frère, ça fait partie des événements heureux de mon enfance. J'ai quand même eu de la chance ! Une des choses qui m'a permis de passer à travers certaines épreuves, c'est que je pouvais me ressourcer en me remémorant des moments agréables et rassurants de ma vie. N'eut été de cette violence et de cette cruauté mentale, j'aurais eu une enfance normale.

12
Confrontation avec mon père à 20 ans

Si tu insistes pour connaître le pourquoi de toute chose, avant même de commencer à vivre, tu mourras. Il n'est pas toujours utile de savoir pourquoi.

Bouddha

À dix-neuf ans, épuisée, j'abandonne mes études à l'université et je retourne quelques jours chez mes parents. Il s'ensuit alors une nouvelle tentative inutile de réconciliation. Je déménage de nouveau et je fréquente une autre université, puis j'étudie dans un autre domaine et termine un baccalauréat. J'espère encore.

Entre-temps, à 20 ans, j'ai tenté d'avoir l'heure juste. Mon père s'est défilé, s'est déresponsabilisé, m'a expliqué qu'il nous battait car il était stressé au travail et qu'il se disait que les enfants oublient vite. J'étais surtout retournée le voir pour lui dire le fond de ma pensée. Bien sûr, il ne se souvenait de rien et n'était pas responsable, mais il trouvait ça bien dommage que j'aie failli mourir à cause de sa femme, et que ça ait gâché de précieuses années de ma vie. En guise de justification, il se disait mal informé de ce qui se passait à la maison, et qu'il était mal conseillé.

J'ai tenté, à ce moment-là, de lui exprimer à quel point il m'avait blessée et à quel point je lui en ai voulu. Il m'a abandonnée et mutilée, au moment où j'étais traumatisée par la séparation d'avec ma mère et au moment où j'aurais eu besoin de lui. Mais en lui parlant, je me rendais compte que je ne parlais pas à la bonne personne ; je parlais avec un homme vieilli, déçu de sa vie et prisonnier d'un lointain passé.

À ce moment-là, je me suis rendu compte que le père rancunier, autoritairement abusif, absent, lâche et injuste, était devenu un homme brisé par sa colère et prisonnier de son désir de vengeance contre ma mère. Parce j'étais le fruit de leur amour, j'étais devenue l'otage de sa haine et de sa vengeance sadique.

Le lendemain, j'étais redevenue une ingrate, et de toute façon, c'était normal que j'aie une « langue sale », je n'étais pas de son sang. Mon père a toujours cru que je n'étais pas son enfant légitime, que j'étais une bâtarde. C'était pour moi une mince consolation, je me disais que mon père ne pouvait pas être aussi décevant.

Si j'étais une bâtarde, mon père biologique était sûrement quelqu'un de bien. Sa plus grande qualité, à ce père imaginaire, c'était qu'il n'existait pas, alors il ne pouvait pas avoir de défauts ni de faiblesses. Il ne pouvait pas m'avoir reniée ou abandonnée, il était le fruit de l'imaginaire d'une famille brisée par une rupture qui avait fait des dégâts sérieux, une sorte de tornade de déceptions et de souffrances non réglées.

Mon père était une cible fuyante. Il s'isolait beaucoup et fuyait la maison par le travail. Il se disait très déçu de sa vie, il entretenait beaucoup de rancune et il avait beaucoup de regrets. Nous étions la représentation de son échec. Mon père aimait attirer la pitié. Il était impuissant face à son destin, pessimiste, paranoïaque et fataliste. Il me trouvait parfois ingrate de ne pas reconnaître tous les sacrifices qu'il faisait pour nous. Il disait que, selon tel médecin, ma mère n'aurait jamais dû avoir d'enfants.

Un jour, je l'ai regardé dans les yeux et lui ai dit: « Papa, est-ce que j'ai demandé à venir au monde ? » Après une longue hésitation, pour une fois, sincèrement, il a répondu : « Non, c'est vrai, tu n'as pas demandé à venir au monde ! »

Mon père me faisait pitié et, surtout, j'en avais honte. Son air piteux pouvait succéder à ses vagues de violence ; pauvre petit papa, qui revenait se faire pardonner avec un sac de croustilles et une comédie en vidéocassette. Je le trouvais de plus en plus pitoyable et misérable, et j'en ai eu assez de son irresponsabilité notoire face à la vie, de sa victimisation chronique, de son infantilisme notoire.

Déjà enfant, c'était douloureux de voir mon père me décevoir constamment. Mais je me disais qu'il était malade dans son cœur ; en fait, il était très souffrant, très mal en point sur le plan émotionnel. Il ne faisait peut-être que perpétuer les drames de son enfance, mais qu'importe, mon père était le modèle tout craché de ce que je ne voulais pas devenir dans la vie. J'ai décidé, à ce moment-là, de couper les ponts avec mes parents.

13
Violence conjugale

Les années où j'ai étudié à l'université, ça a été pour moi une bonne période. Je participais à des activités parascolaires, tout en travaillant les fins de semaine. Je me suis fait des amis. Je traînais encore mon épuisement, mais je devais réussir et gagner ma vie. Les effusions d'émotions et prendre soin de mes petits bobos, je remettais ça à plus tard. Je n'avais rien d'autre, dans la vie, que l'amour des livres, et ce sont eux qui m'ont permis d'être autonome, qui m'ont fait persévérer dans mon espoir d'être un jour respectée et de devenir quelqu'un de bien.

Malgré mes réussites scolaires et de petites réalisations, je n'avais pas confiance en moi. Je n'avais pas le sentiment que je valais grand-chose. Je me nivelais continuellement par le bas, et paradoxalement, je visais souvent les meilleurs résultats pour me prouver que je valais quelque chose. J'avais une mauvaise image de moi, je me trouvais laide, insipide, idiote. Je n'avais pas confiance en moi quand j'abordais quelqu'un, ne serait-ce que pour un travail en équipe.

J'avais tous les complexes et il m'arrivait souvent de m'isoler chez moi, de peur d'être confrontée au mépris et au rejet. Je croyais que j'avais effacé toutes les mauvaises choses que j'avais entendues plus jeune, mais c'est moi qui me les répétais. J'ai fini par y croire. J'étais conditionnée à me croire sans valeur et mon estime de moi en souffrait. J'acceptais difficilement les compliments. Dans mes relations de couple, mon seuil de tolérance à l'égard des insultes et des humiliations était trop élevé. Je me laissais définir par les autres, selon leur humeur et leurs intentions. Ça a pris du temps avant que je comprenne que ce n'est pas de l'estime des autres dont j'ai besoin pour avancer, mais de la mienne.

À l'âge de 22 ans, j'ai fréquenté pendant six mois un misogyne agressif, arriviste et violent, que j'ai rencontré sur le campus de l'université. Après quelques menaces, du chantage, des cris et des insultes auxquels je n'ai pas réagi, il a fini par changer de proie, mais j'ai eu la frousse. Quelques mois plus tard, je tombais amoureuse d'un voisin qui était musicien.

Deux semaines après notre rencontre, il s'installait chez moi. Trois semaines plus tard, le cycle de la violence commençait, suivi de huit mois au cours desquels j'ai revécu des émotions trop familières. Il y avait du nouveau par contre : possessivité, colère, contraintes sexuelles, contrôle de mes finances, menaces de se suicider, menaces de nous tuer en voiture; bref, c'était différent, mais semblable en même temps.

Au cours de cette relation, il y a eu les crises de jalousie en public, la conduite automobile dangereuse, les introductions par effraction lors de tentatives de séparation, la violence verbale, les cris et les objets lancés.

Je suis aussi responsable que ce conjoint de cette relation pathétique. Qu'il fasse le tour des poubelles du logement quand il venait me voir par surprise ou qu'il me surprenne, caché derrière un poteau de téléphone alors que je sortais de la pharmacie, ce n'était qu'une anecdote sur des centaines qui sonnaient des cloches quotidiennes, mais je n'avais plus la force de réagir.

Ma souffrance avait évolué au fil des blessures : elle était plus grande, plus forte, plus handicapante encore que jamais. Oui, j'ai bien envie de croire que c'était un jeune homme souffrant, voire déséquilibré. Il faut croire qu'à ce moment-là, il comblait mon besoin d'être haïe et blessée, et que nos psychoses étaient compatibles. C'était un cas « coup de foudre », qui a fait beaucoup de ravages. Le pouvoir qu'il a eu sur moi, c'est celui que je lui ai laissé prendre, en fonction des limites et des outils que j'avais à ce moment-là pour survivre.

Ma dépendance affective m'a causé de grands ravages émotionnels. En refusant de voir la réalité et en refusant de diriger ma vie, j'ai mis le gouvernail entre les mains de quelqu'un d'autre. J'ai appris que cette douleur vive et continue était peut-être la suite confortable de ce que j'avais toujours connu. Il me traitait aussi mal que je croyais le mériter, il me manquait de respect autant que moi-même.

Je suis allée vers ce que je croyais mériter. Il m'a attirée par le mensonge et la pitié. Il m'a permis de mettre en relief mon désespoir. Je me suis fait violence à travers lui. J'ai vécu ma délinquance à travers lui. J'ai été la spectatrice d'un épisode cruel auquel mes souffrances refoulées m'avaient programmée.

En revivant des relations malsaines qui m'emprisonnaient dans ce que je connaissais le mieux, je me suis diminuée au lieu de m'épanouir. Je poursuivais involontairement une quête morbide qui attirait des personnes qui avaient des *patterns* compatibles avec les miens.

Comme si c'était une suite logique... J'ai vécu de la violence familiale, puis conjugale. Je me suis plongée dans des situations propices à revivre d'autres agressions, d'autres pertes, encore de la détresse et de la souffrance.

Je ne connaissais pas mieux et je ne croyais pas mériter mieux. Je m'apitoyais sur mon sort, mais en continuant dans la même direction. Je me complaisais dans mon rôle de victime, qui laisse à qui le veut les rênes de sa vie. Je le laissais faire, je provoquais même des situations qui me permettaient de revivre des émotions paralysantes et des relations stériles. J'empirais mon cas sans le vouloir vraiment.

Même si j'avais quitté la maison, je n'étais pas à l'abri de ces schémas nuisibles. J'étais devenue mon propre bourreau, m'imposant des relations autodestructrices dans lesquelles je me confortais. C'est plus tard, beaucoup plus tard, que je m'en suis rendu compte. Mes relations se suivaient et se ressemblaient, et je ne trouvais pas en moi-même les moyens de m'en sortir.

14
Briser le *pattern*

Deuils par-dessus blessures, par-dessus brisures, par-dessus chocs, par-dessus solitudes, tout ça m'a usée, m'a rendue désabusée. En même temps, le fait de survivre à des pertes et de les intégrer dans ma vie m'a enrichie. C'est à travers la fragilité que s'est manifestée ma force pour continuer.

À un moment donné, j'ai jeté tous mes souvenirs. J'ai tout donné : des vêtements, des lettres, des cartes, des cadeaux, des dessins, des bijoux, des carnets de numéros de téléphone, des photos, des projets pas terminés, des souvenirs de voyage, presque tous mes écrits, mes chansons et tout ce qui était lié à un souvenir négatif.

Je voulais pratiquer une purge dans ma vie. Je me disais que, si un jour je me surprenais à toucher à ces objets et à redevenir prisonnière de ce passé, je ne serais pas en train de grandir et de vivre mon moment présent.

J'ai alors décidé de jeter tout ce dont je n'avais pas besoin pour avancer.

Les hauts et les bas de la vie sont suffisants, je n'avais pas besoin de l'historique de ma souffrance. Pendant que je triais mes affaires et les jetais, je me demandais comment j'allais me sentir quand je n'aurais plus en main mes souvenirs et mes projets.

J'avais décidé de garder seulement ce dont j'avais besoin pour avancer dans la vie. Tout ce que je jetais, je le jetais en me disant : je n'ai pas besoin de ça pour avancer dans la vie, et quand j'hésitais, je jetais le souvenir en question. La vie est pleine de ressources et je ne manquerai de rien.

Cet exercice a été très long, je me sentais très mal sur le coup : une photo qui pèse une plume pouvait m'arracher le cœur. Le passé avait beaucoup de pouvoir sur moi. J'ai pleuré beaucoup, j'ai souri et soupiré, je tenais à aller jusqu'au bout de ma démarche. Je voulais savoir ce que ça faisait de ne plus avoir d'histoire, de ne plus avoir de souvenirs, de ne plus rien posséder, de ne plus avoir de projets.

Je me disais qu'en fin de compte, il ne resterait que moi, sans les fantômes du passé, et que sur une terre vide, j'allais me rebâtir et me réinventer. Après avoir tout jeté, j'ai ressenti un grand vide, un grand froid. J'avais effacé plusieurs traces de mon passage, je venais de boucler une boucle, de finir un cycle.

Je me suis sentie lourde avec une plume entre les doigts, et je me sentais légère lorsque mes projets mégalomanes se sont envolés. Je respirais la liberté, je pouvais enfin me payer le luxe d'être ordinaire. J'ai trouvé l'exercice dangereux. Je devais fuir les pensées noires et confronter un vide de plus en plus grand. Je tentais de garder les pieds sur terre et d'adopter une bonne attitude.

Je prenais le temps d'abandonner les objets que je jetais. Quand je n'aurai plus rien, je n'aurai plus de raison de me plaindre ou de me blâmer. J'ai ressenti un grand vide et aussi l'angoisse de la liberté ; j'ai ressenti cette peur du vide, plus grande que le vide lui-même. J'étais à la croisée des chemins. J'avais lâché prise en ce qui concerne certains aspects de ma vie.

Après, j'ai passé quelque temps à errer, comme une feuille dans le vent, à la merci des événements, à attendre et à espérer que quelque chose de positif bouscule ma vie. Je ne comprenais pas qu'après avoir tout jeté, je ne sois pas libérée de mon passé. Oui, ça laissait plus de place pour les choses positives, mais ma guérison avait des odeurs de fuite. C'est plus facile de jeter sa souffrance aux poubelles que d'y faire face.

Je peux déménager dans tous les quartiers du monde, ma souffrance me suivra toujours. Je peux changer de coupe de cheveux, d'amis, de partenaires, d'emploi, de garde-robe, de profession, de logement et d'orientation professionnelle, ma souffrance me collera toujours à la peau. C'est en lui faisant face que je peux l'apprivoiser, apprendre à vivre avec elle et la laisser exister. Ensuite, il est possible de renaître et de ressentir des émotions plus saines, plus belles, qui nous guérissent.

On s'habitue à la souffrance, comme au fait d'avoir deux jambes et deux bras. J'y tenais, je la berçais, je la nourrissais, je m'en amusais, je la retenais. Pour me libérer de ma souffrance, j'ai entrepris un long cheminement de pardon. Ce qui a été long, ce n'est pas le pardon, c'est ma résistance à me libérer de ce fardeau, ma peur du changement, mon incompréhension de ce que pouvait vouloir dire pardonner. J'avais beau avoir lu des tonnes de livres, j'étais habile dans ma façon d'éviter la souffrance qui accompagne l'émotion réelle que je fuyais.

J'avais été tellement blessée profondément, j'ai tellement eu mal que j'étais persuadée que je ne survivrais pas de nouveau à cette émotion. Je me disais souvent que s'il fallait revivre toutes les émotions douloureuses de ma vie pour m'en libérer, j'en mourrais ; ça faisait trop mal, je ne m'en sortirais pas. J'avais aussi l'impression d'avoir atteint mes limites. S'il m'arrivait encore quelque chose, je ne m'en remettrais pas ou je ne m'en sortirais pas.

J'avais toutes sortes d'échappatoires pour fuir ma rémission, ma douleur avait pris le pouvoir sur moi, un pouvoir que je lui avais laissé. J'étais devenue esclave de ma douleur. Le problème, avec l'esclavage, c'est qu'on finit par y prendre goût. Je ne voulais qu'une chose, retrouver ma liberté et redonner aux personnes qui m'ont blessée ce qui leur appartenait, puis continuer ma route.

Alors, j'ai essayé la voie du pardon pour me libérer. Et ça s'est fait instantanément. Après avoir pardonné, j'avais le sentiment de pouvoir respirer pleinement. Je respirais du ventre, comme un bébé, en toute sécurité. Je me suis sentie libérée, heureuse, comblée, riche et pleine d'énergie. Je croyais que c'était le plus beau cadeau que pouvait m'offrir la vie.

J'ai eu l'impression de renaître et de grandir ; j'étais pleine de projets et j'avais confiance en mes capacités. J'évitais de plus en plus les nouvelles négatives, les drames inutiles et les récits dégueulasses. Je ne voulais pas rester dans cette peur, cette angoisse, cette pollution émotionnelle. J'en avais assez vu, j'avais besoin de beau.

Ça a duré une fin de semaine.

Cette vision utopique du pardon minute et de la guérison spontanée ne m'a fait vivre que des déceptions prévisibles. J'étais loin du réalisme.

15
La solitude

Si l'on est chez soi en nous,
on est chez soi partout.

Je me suis sentie seule pendant de nombreuses années. J'avais peur des autres, de leur capacité. J'avais honte de moi, de ma faiblesse, de ce qu'on m'avait fait croire à propos de moi. Chez moi, le téléphone ne sonnait presque jamais. J'avais de la difficulté à entrer en relation avec les autres. Je croyais que mon mal de vivre se lisait sur mon visage et que je n'intéressais personne.

Le temps des fêtes était une période terriblement triste et désolante qui mettait ma solitude au premier plan et qui accentuait mon sentiment d'inutilité. Je n'écoutais pas la télévision parce que j'avais peur d'être exposée à des images et à des situations qui me rappelleraient des moments difficiles. Je n'écoutais pas de musique. C'était le vide et le silence en moi. Je rêvais qu'un jour mes parents me téléphonent ; je me nourrissais d'espoirs mort-nés et je me réinventais une vie moins blessante.

Je sortais rarement, je fuyais les regards, mon dialogue intérieur était truffé de négatif. Mes pas devenaient lourds, ma vie n'avait pas de saveur, pas d'odeur. Je n'avais pas d'énergie, sinon pour respecter mes obligations du moment. Je m'alimentais à peine, je ne pleurais plus. J'attendais que quelque chose se produise, mais rien n'arrivait. Je jonglais avec des idées noires.

Un jour, je me suis retrouvée seule dans la vie et j'avais peur, peur de la solitude, de l'isolement et de l'oubli. Je restais couchée une bonne partie de mes journées à broyer du noir, brûlée, angoissée, triste et nostalgique. Je m'ennuyais, je trouvais les journées longues et les personnes qui m'entouraient ennuyantes ; toutes les activités que je faisais étaient sans intérêt, tout devenait vite très compliqué, inutile et lourd. Je m'enlisais dans une solitude sans fond et le vide devenait de plus en plus pesant.

Je n'avais plus de but et je croyais pouvoir guérir ma vie par des comprimés. Ma sensibilité avait été diagnostiquée comme pathologique et les antidépresseurs devaient m'aider à surmonter mon mal émotionnel. J'avais mal partout, je doutais sérieusement de mes capacités à voir autre chose que du noir.

Ce n'était pas juste la nouvelle de la mort de ma mère et l'échec de mes projets et de mes relations conjugales que je gelais, mais les souffrances de toute une vie, qui n'avaient jamais eu la chance d'être vécues.

Après, ça a été la négation, la comédie, la fuite dans le travail et la dépendance affective. Je fuyais tous les rendez-vous avec ma souffrance. Quand je n'étais pas en train de déménager, je vivais une tumultueuse rupture ou un conflit majeur qui grugeait mon énergie. J'étais continuellement brûlée, à bout de souffle, en train de recommencer.

J'étais fatiguée de tourner en rond ; plus ça allait, plus je me rendais compte que je fuyais, et plus je me rendais compte que j'étais démolie. Je pouvais prévoir de mieux en mieux mes futurs autosabotages et j'allais dans cette direction quand même.

J'analysais les choses, je les rationalisais, je m'autodiagnostiquais, mais mes actions faisaient quand même en sorte que je m'autodétruise. J'avais très envie, à l'intérieur de moi, que ça change. Je travaillais fort sur moi. Mais je raclais autour de ma souffrance, pas dans le centre, où ça faisait vraiment mal.

J'étais convaincue que c'était vraiment nécessaire, mais je ne me faisais pas confiance, j'avais peur, peur de ne pas réussir, peur de ne pas pouvoir aller jusqu'au bout, peur d'avoir peur de regarder ma souffrance dans le blanc des yeux. Je voulais changer, mais je n'osais pas ; je rêvassais, mais je n'étais pas dans l'action.

Puis, j'en ai eu assez de me morfondre dans le noir, je me suis mise à téléphoner à des lignes d'écoute et l'on m'a encouragée à aller consulter, ce que j'ai fait plus tard. Je procrastinais toujours lorsqu'il était question de mon besoin d'être en contact avec d'autres personnes, de partager avec eux, de me confier à eux, de vivre des moments agréables en leur compagnie et de discuter.

Ma souffrance, que j'avais peur d'affronter, et ma peur de la souffrance dominaient ma vie et grugeaient mon énergie. J'accordais beaucoup d'attention à ma peur et à mes craintes et ça me polluait l'esprit.

Plus je vivais des émotions douloureuses, plus je restais couchée longtemps dans mon lit, immobile : tout semblait lourd, j'allais de moins en moins souvent à l'épicerie et je sortais de moins en moins de chez moi.

Chaque fois que j'affrontais ce douloureux mur de la peur et que je me retrouvais à l'extérieur de cette prison émotionnelle, je me sentais bien, de mieux en mieux.

Au travail, je ne me liais pas d'amitié avec mes collègues. J'étais froide, distante et inaccessible parce que j'étais professionnelle et que la familiarité, selon moi, nous rend irrespectueux. Je ne fréquentais pas les bars parce que ce ne sont pas des gens sérieux et je n'allais pas au restaurant seule pour ne pas être harcelée.

Bref, chaque privation avait sa justification, et au bout du compte, il ne me restait plus qu'à rester seule à la maison, à m'étendre sur mon lit et à espérer que cette personne extraordinaire apparaisse dans ma vie. De toute façon, l'amour, c'était dangereux : on peut être sévèrement puni pour avoir aimé. C'est ce que j'avais enregistré dans ma tête à quatre ans.

Puis, tranquillement, je me suis mise à me parler, à écrire, à écouter de la musique douce et à cuisiner mes plats préférés. J'ai commencé à décorer ma demeure, même si je n'étais que de passage. J'ai commencé à écrire davantage et à me parler davantage.

Tout devenait de moins en moins ennuyant, car je devenais de moins en moins ennuyante. J'ai commencé à passer de beaux moments avec moi-même, je prenais de longs bains, je m'achetais de petites mousses et il m'arrivait de me huiler les jambes longuement, pour le plaisir de reprendre contact avec moi.

J'ai toujours adoré danser, mais je n'osais pas et je ne me le permettais jamais, par peur de déranger. En écoutant de la musique qui m'inspirait, je me suis remise à danser, pour le plaisir ; chaque fois que je dansais, je souriais, je me sentais légère, mon corps faisait la fête, je me sentais bien, comblée.

Je me suis finalement inscrite à un centre d'entraînement pour les femmes et il y avait des cours de danses latines et orientales. J'ai eu du plaisir, je n'entrais pas en contact avec les autres, je vivais dans ma bulle et je me dépêchais de retourner à la maison, mais j'aimais la danse, je me sentais bien avant de danser, pendant et après.

Plus les jours passaient, plus je multipliais les occasions de me faire plaisir et moins j'espérais que le téléphone sonne. Je disais de plus en plus souvent non. J'ai commencé à voir de nouveaux amis, à l'occasion ; j'avais du plaisir en leur compagnie et j'avais aussi du plaisir quand je revenais chez moi. J'étais de plus en plus fière, de mieux en mieux en ma propre compagnie.

Pendant quelques semaines, j'ai eu la chance de rencontrer une psychologue et ça m'a fait un du bien. Au début, je n'avais rien à dire, je trouvais cette thérapie inutile, mais j'y allais quand même, ça me faisait de la compagnie, une sortie, une raison de sortir.

Puis, mon horaire est devenu de plus en plus rempli, je commençais une maîtrise, je m'entraînais et je cherchais un nouvel emploi dans mon domaine. Tranquillement, la transition s'est faite, je me rendais compte que ça faisait plusieurs mois que je faisais de l'exercice, que j'avais adopté de saines habitudes de vie et coupé les ponts avec de mauvaises fréquentations. Chaque journée était une victoire, une découverte, j'ai réappris à prendre soin de moi, à avoir du plaisir, à me retrouver seule, avec moi-même.

Tranquillement, j'ai appris à ouvrir la porte à certaines personnes et à les écouter. Parfois, quand j'étais sortie depuis longtemps, j'avais hâte de me retrouver à la maison. Mes invités étaient de mieux en mieux traités et j'étais de moins en moins stressée en compagnie des autres.

J'ai fait le point en ce qui concerne plusieurs aspects et j'ai cessé de me faire violence dans plusieurs domaines de ma vie. J'ai enlevé progressivement plusieurs masques dont j'avais besoin pour survivre en période de crise, mais maintenant, je vivais, je pouvais respirer librement, je me sentais assez forte pour avancer sans béquilles, je reprenais goût à la vie jour après jour, malgré la souffrance.

Je faisais mes deuils les uns après les autres, à ma façon, avec les outils que j'avais ramassés au cours de ma vie. De vieilles rancunes et des souvenirs douloureux remontaient à la surface, mais j'essayais de prendre ce qui m'appartenait et de remettre à la personne qui m'avait blessée ce qui lui appartenait. Je prenais de plus en plus le temps de dire merci à la vie.

Je me suis mise à rêver d'un grand appartement dans une ville tranquille, d'un petit chaton mignon et gentil qui me tiendrait compagnie, d'un emploi dans mon domaine, d'une voiture neuve que je conduirais avec confiance, et j'y ai rêvé de plus en plus souvent. J'ai lâché prise. J'ai parfois fait une pause dans une église pour prier et j'ai été gâtée par la vie, tout s'est réalisé, avec aisance, comme par magie.

La vie a mis les bonnes ressources sur mon chemin au bon moment et ça a été constructif, positif, heureux. Au moment où je me sentais prête à accueillir le bonheur que je me souhaitais, il s'est présenté, avec simplicité. Je me suis sentie gâtée, libre, heureuse, comblée, prête à faire confiance encore plus à la vie et à saisir toutes les chances qu'elle m'offrait. J'ai eu envie d'être bien, d'être près de moi et de faire des choix qui feraient en sorte que je me sente bien en dedans.

Parfois, les vieux fantômes et les vieux dialogues programmés négativement refaisaient surface, mais quand ces blessures criantes s'exprimaient, je leur parlais, je les rassurais, je leur disais qu'on doit se faire confiance, qu'on n'a plus besoin de ces vieux réflexes, que ça va bien aller pour nous.

Plus ça faisait longtemps que je vivais seule, plus j'appréciais cela et moins je cherchais à fuir. J'étais mieux avec moi-même et je cherchais moins quelqu'un d'autre à qui m'accrocher, qui me ferait sourire. Je voulais être bien, seule ou accompagnée. Plus j'étais bien avec moi-même, plus j'étais sollicitée et mieux j'étais entourée. J'étais entourée de gens bien avec eux-mêmes. J'allais à l'épicerie avec le goût de prendre soin de ma santé, de me faire plaisir. Dans la salle d'entraînement, j'ai commencé à sourire aux autres personnes et je partais en marchant calmement au lieu de courir. J'évitais le regard des autres quand j'étais souffrante, parce que je n'aimais pas me regarder dans le miroir de leur âme. J'y voyais ma souffrance, ma peur du rejet, de l'abandon, mon manque de confiance en mes capacités et la peur du malheur.

Je fuyais ma souffrance déguisée en clown ou avec snobisme, je maquillais mon désir de tendresse par des phobies et des justifications. Ce dont j'avais le plus envie, je le fuyais, ce dont j'avais le plus besoin, je m'en privais. Je mettais dans le regard des autres ce que ma peur et ma souffrance voyaient.

Quand je me sentais bien et de bonne humeur, les gens étaient généralement de bonne humeur; mes énergies suivaient ma pensée. Je m'intéressais aux événements qui se rapprochaient de mes vibrations, je sélectionnais les informations que je voulais, en fonction des charges émotionnelles que je véhiculais. C'est la charge émotive que j'associais aux situations de la vie qui en faisaient des événements positifs ou négatifs, des occasions de rencontre ou de conflit.

J'avais le pouvoir de créer mes joies, mes peines, mes soucis. Mes énergies et mes actions suivaient ma pensée. La plupart des choses qui m'arrivaient dépendaient de moi.

Quelques mois plus tard, en sortant de l'épicerie, avec un panier bien rempli, je marchais en direction de ma voiture neuve ; c'était un samedi midi, je me sentais bien et je me suis dit : « Arrête-toi un peu, prends conscience de la façon dont tu te sens. Tu n'es pas à la course pour respecter l'horaire de quelqu'un d'autre. Tu as fait des choix pour toi, selon tes goûts. Il n'y a personne qui t'a imposé quelque chose. Si tu laisses de nouveau quelqu'un entrer dans ta vie, n'accepte jamais d'être moins bien qu'aujourd'hui ou de te sentir moins libre qu'en ce moment. »

Je me suis sentie libérée : je lâchais prise, libérée de reprendre enfin le volant de ma vie, de boucler une boucle. Je prenais le temps de faire le bilan, de me retrouver, de me parler, de me fréquenter.

Avant de chercher de la compagnie, je voulais m'assurer d'être en bonne compagnie avec moi-même, d'être la personne la plus importante dans ma vie et d'être en mesure de me souvenir de qui j'étais avant l'arrivée de quelqu'un d'autre. Alors, si je m'oubliais, si je me refaisais violence à travers quelqu'un d'autre, si je devais reprendre les rênes de mon existence dans les mains d'un tiers, je pourrais me rappeler ce moment précieux et cet engagement envers moi-même : prendre soin en premier de la personne la plus précieuse dans mon parcours, moi.

C'est parce que je me suis oubliée que je me suis éloignée de moi et que je n'ai pas pris le temps de m'intéresser à mon être. J'accordais trop d'importance à ceux qui m'ont blessée et à ma souffrance. Aujourd'hui, je la laisse exister, mais il y a une tonne d'autres émotions qui ont envie de s'exprimer, de se dévoiler et d'exploser à l'intérieur de moi. Je ne retiens plus ma souffrance, je la laisse s'envoler, je la laisse guérir et je lui permets de vivre et de continuer à m'éveiller. Je ne veux pas m'immuniser contre la sensibilité, je la laisse s'exprimer.

Ça fait très mal de confronter sa souffrance et de la laisser partir, mais c'est encore plus douloureux et nocif de la retenir. Pour m'en libérer, je l'ai laissée circuler au lieu de la tenir en otage dans mes pièges pour l'éviter. J'ai profité d'une longue période de célibat pour me rencontrer, mais j'étais loin d'avoir guéri mes blessures.

16
Des idées noires

Dans mes épisodes dépressifs, il m'arrivait d'avoir des idées noires. C'était vague, indécis, imprécis, impulsif, injustifié. Je me sentais seule, même entourée de gens. Je n'arrivais pas à être véritablement en contact avec eux. La souffrance m'a toujours fait beaucoup plus peur que la mort. Quand j'ai été près du désespoir, que j'ai eu envie d'arrêter de souffrir, j'ai écarté la thèse du suicide, pour ne pas faire plaisir à ceux qui ne m'aimaient pas. L'idée d'être oubliée, d'être une perte inutile me faisait plus mal encore que la peur de souffrir, alors je faisais un bout de chemin de plus.

Parfois, j'ai frôlé l'irréversible, j'ai failli tuer quelqu'un qui méritait de vivre, quelqu'un qui n'avait pas de raison d'être condamné à la peine de mort : moi. Je ne savais plus comment vivre, je voulais tuer la souffrance. Mes pensées n'étaient plus en accord avec la réalité. Je pensais en avoir trop bavé et j'avais peur que cela continue, sans raison. J'avais perdu le contrôle sur mes émotions et le pouvoir sur ma vie.

J'avais besoin d'aide pour recoller mes morceaux. Je me disais que j'avais tellement souffert que ce serait une libération si je mourais. Mais j'allais m'enfermer en considérant seulement ma tristesse. J'étais aveuglée par le noir, paralysée par des souffrances mal digérées, j'avais besoin d'aide pour me sortir de ce long tunnel sans issue. Les idées suicidaires, c'était les effets secondaires de toute une vie d'abus, mais j'oubliais tout le reste.

En parlant, en exprimant ma détresse, en allant chercher de l'aide, en envoyant des cris de détresse, je me suis sauvé la vie et c'est ce que je dois retenir. C'est une crise dans un moment de désespoir qui m'a forcée à trouver des moyens concrets pour m'en sortir, à changer de destination. Ce qui est important, c'est que maintenant, c'est derrière moi, ça ne fait plus partie de mes solutions. Ma souffrance était importante, je ressentais le besoin de la crier, de l'exprimer, mais je sais aujourd'hui que je peux la dire et que je serai accueillie ; il y a eu des lignes d'écoute en cas de détresse, des amis, des psychologues, des médecins et des professionnels pour qui ma vie était importante.

Il n'y aura jamais de pont assez haut pour tuer la souffrance.

Le désir de réussir ma vie et la thérapie m'ont aidée à découvrir ces carences et m'ont donné des outils que je n'avais pas eu la chance d'utiliser pour m'en sortir. J'ai rencontré de bonnes personnes que j'ai parfois disqualifiées trop vite, parce qu'elles étaient trop différentes de moi. Je pensais qu'en fréquentant quelqu'un qui avait vécu les mêmes manques et les mêmes difficultés, ce serait plus facile, plus confortable et qu'on se comprendrait.

C'est en apprenant à m'aimer davantage et à comprendre ce qui m'avait amenée là que j'ai pu faire des choix plus éclairés et plus bénéfiques pour moi. Je ne voulais plus être une victime ou une proie, je devais travailler pour moi, pour changer mon attitude et mon dialogue intérieur. Je devais plonger dans l'inconnu d'une vie meilleure.

Si j'ai choisi le chemin de la thérapie, c'était surtout pour m'aider à ne pas demeurer une victime et parce qu'une fois adulte, indépendamment de ce que j'avais vécu, j'ai pris conscience du fait que j'étais responsable de ma propre reconstruction et je ne voulais pas répéter des *patterns* inconscients qui m'étaient nuisibles.

17
Du courage en banque

Survivre à des épreuves et choisir d'en sortir grandie m'a donné du courage que j'ai mis en banque. Ces réserves sont un capital vital qui me sécurise face à l'incertitude de l'avenir. Je ne suis pas une personne de nature courageuse, je suis fragile et fuyante, et c'est souvent en confrontant mes peurs que mon courage s'est raffermi. Je me suis vue réagir dans des situations critiques et je peux constater que je m'en suis sortie. Ça me donne confiance en mes capacités de faire face à d'autres obstacles.

C'est un point positif que mes épreuves m'ont apporté, mes capacités ont été lourdement éprouvées, ça m'a même déstabilisée, mais j'ai développé ma force à travers tout ça. Même si je me sais vulnérable en ce qui concerne certains aspects, ma confiance en mes capacités de vaincre les obstacles s'est accrue.

18
Les conséquences de la maltraitance

L'instinct de survie est une force vitale qui lutte jusqu'à la mort pour continuer à goûter à la vie.

Il sera question, à partir d'ici, des conséquences des traumatismes nombreux que j'ai vécus sur mon développement. Parmi les effets secondaires de souffrances trop vives, j'ai pu relever plusieurs manifestations des répercussions dommageables que ces expériences douloureuses ont eu ma vie. Il y a eu les épisodes dépressifs, les deuils difficiles, le vide, l'instabilité, l'impulsivité, la perte de confiance en moi, la peur des autres et la solitude.

Il y a eu aussi les idées suicidaires, les difficultés à communiquer, la perte de l'estime de soi, l'anxiété généralisée, les cauchemars et la victimisation.

De plus, il y a eu les *patterns* nuisibles, l'obsession du travail, le dialogue intérieur négatif, les comportements autodestructeurs, l'altération de mon image de moi, la peur, l'angoisse de l'avenir, l'anorexie, les phobies, les difficultés relationnelles ainsi que la difficulté à me projeter dans l'avenir.

Je ne suis ni médecin ni psychologue, mais j'ai eu la chance d'en consulter et j'ai fréquenté suffisamment de gens équilibrés pour déceler mes carences et les aspects dysfonctionnels de ma personnalité. Ces prises de conscience ne m'ont pas servi à me diagnostiquer, mais à tendre vers l'équilibre, à me donner des repères et des défis personnels à relever.

Ceux qui croient que les enfants oublient, que la violence forge le caractère ou que cela n'influence pas le cours d'une vie sont, à mon avis, très loin de réaliser l'ampleur du gâchis. Toutefois, je ne me considère pas comme une ratée, même si mon entrée dans la vie adulte l'a été ; dans l'ensemble, je crois que je m'en suis bien sortie. J'ai tout simplement eu des défis affectifs et relationnels plus importants à relever, car je n'avais pas toutes les cartes dans mon jeu. Aujourd'hui, je travaille à reprogrammer ma vie, pour pouvoir m'épanouir au lieu de continuer à subir les choses.

19

La difficulté à me projeter dans l'avenir

Ma vie a été trop souvent interrompue par des événements hors de mon contrôle : je voyais l'avenir comme un facteur de risque plutôt que comme une promesse de jours meilleurs. Je planifiais les prochains jours, les prochaines semaines, les prochains mois, tout au plus. J'avançais fébrilement en mettant des bémols sur tous mes projets. Je voulais tout vivre, tout réaliser aujourd'hui, car demain me faisait peur.

J'avais du mal à m'imaginer une semaine complète sans mauvaises journées, sans drames, sans peines. J'avais du mal à m'investir dans une relation avec quelqu'un qui me plaisait, car je craignais continuellement le pire. Chaque *au revoir* devenait un *adieu* potentiel. J'ai vécu chaque jour comme s'il n'y avait pas de lendemain, avec résignation, sans savourer le moment présent. Trop d'événements soudains et inattendus m'ont rendue méfiante face aux surprises à venir. Je me tournais vers ce que je connaissais le mieux pour continuer à vivre.

J'avais peur que le ciel me tombe sur la tête et de la fin de mon monde, et je craignais que la paix cesse de régner. Quand une situation devenait trop confortable, je la fuyais, je la sabotais. C'était trop différent de mon cycle de vie, trop beau pour être vrai. Il devait y avoir anguille sous roche. Puis, des journées sans orage passaient; il s'agissait de semaines de bonnes nouvelles et de petits tourments. Ça me redonnait confiance en moi petit à petit, mais je croyais quand même que mon avenir était bloqué et hypothéqué sans raison. Le pire côtoyait trop souvent le meilleur. Je traînais un fardeau tellement pesant que je me disais qu'il finirait par m'écraser un jour. L'angoisse me torturait et s'infiltrait dans tous les pores de ma peau. Il n'y avait pas de plaisir, mais seulement du danger. Mes peurs m'empêchaient de vivre et réveillaient mes cauchemars au quotidien. Tout cela polluait mon inconscient.

20
La peur

Issue d'un milieu familial dysfonctionnel, esclave de la paranoïa de mes parents, j'ai été programmée à me cacher de la réalité, à la fuir et à exagérer l'ampleur des situations. Comme si en rendant le réel mélodramatique, j'allais m'épargner, comme si en dramatisant des vicissitudes, le malheur allait me croire trop occupée pour me faire souffrir davantage.

J'étais tannée d'entendre des tergiversations négatives et paranoïaques à la maison, mais les propos entendus étaient quand même là, nocifs et présents. C'est pour ça que j'ai cherché beaucoup de ressources à l'extérieur pour me départir de ce conditionnement à la peur et à la paralysie.

En dedans de moi, ça criait *non* comme dans les films d'horreur. C'est comme si je m'injectais un vaccin psychologique pour me donner la douleur d'un mal en moindre dose, en croyant ce mal disparu à jamais. Mais je me revaccinais continuellement contre tous les maux imaginaires, lesquels s'amplifiaient sans cesse.

J'ai vécu de longues années dans un climat de terreur, à mi-chemin entre la crainte du malheur et la souffrance, dans un monde où la douleur réelle était presque un soulagement à l'angoisse.

Quand de belles choses m'arrivaient, elles entraient dans le casier des éléments perturbateurs suspects que je devais enrayer. Après tant d'années dans ce trou noir, une minute de paix ne pouvait être qu'un fantasme, qu'un mirage, qu'une illusion. J'en suis venue à me fier à mes angoisses et à douter du bonheur.

Puis, quand j'ai fait ce parcours et que je me suis débarrassée de mes fausses conceptions, mes angoisses sont devenues de moins en moins fréquentes et elles ont perdu de plus en plus d'importance. Les nœuds se défaisaient, j'avançais, de plus en plus confiante, vers la lumière, dans le chemin du bien-être et de la paix. C'était de l'inconnu, un nouvel apprentissage, et je me suis outillée de plus en plus pour faire face à ce changement constructif dans ma vie.

Ma peur s'est forgée au fil des menaces répétées, du chantage et des blessures. La peur s'est infiltrée tout doucement, dans chacune de mes cellules, elle est devenue une habituée de mon être. Mon corps avait peur, malgré tous les efforts de rationalisation ; il était captif, il savait que le danger était omniprésent. J'avais des maux de ventre fréquents, je dormais mal et trop longtemps, j'avais continuellement des sursauts, chaque fois qu'il y avait un indice subtil d'une violence possible. Quand j'ai quitté la maison, des fantômes m'ont fidèlement suivie.

Cette peur généralisée s'est cristallisée en anxiété ; je n'arrivais pas à la saisir, à circonscrire son action. Elle était fuyante et m'entraînait dans les sentiers de la fuite et des perceptions biaisées, qui finissent par flirter avec une forme de paranoïa. La peur m'envahissait soudainement quand des voix s'élevaient autour de moi, que des gestes brusques me saisissaient ou qu'un regard dur me faisait trembler.

Ce n'était plus important de savoir s'il y avait ou non un danger réel. Tout était devenu dangereux, car à la maison, n'importe quelle banalité pouvait devenir un prétexte pour subir une raclée. Il n'y avait ni logique ni constance dans tout cela, alors pour être certaine de bien jouer son rôle, ma peur est devenue permanente. L'ampleur du travail de veille justifiait à toute heure du jour et de la nuit sa présence.

Le problème, à long terme, c'est que la réelle vigilance diminue, mais que l'anxiété demeure. Menace ou pas, j'étais aux aguets, mais je n'avais plus confiance en mes réflexes d'enfant maltraitée, ni en mon jugement quotidiennement critiqué pendant des années, ni en ma capacité de me défendre, laquelle je n'ai jamais su développer, ayant été contrainte à l'impuissance à tenter quoi que ce soit. Alors, ma peur n'était plus bonne conseillère et ne savait plus distinguer une menace d'un souvenir douloureux.

L'angoisse prenait le dessus sur l'inquiétude, avec une intensité décuplée, et chaque anecdote désagréable s'empilait en raison de ces années de stress. Trop occupée à avoir peur, je négligeais d'autres aspects fondamentaux de ma vie.

21
Le manque d'amour

La peur qui est mal identifiée est une des émotions les plus responsables de l'insatisfaction des besoins fondamentaux. Par peur du rejet, de la solitude, du conflit, de la critique, par peur du ridicule, du jugement, de l'erreur, de l'échec, par peur encore de décevoir, de déplaire, de ne pas être aimé, l'être humain se prive de choses qui sont essentielles à son équilibre.

(anonyme)

J'ai tellement manqué d'amour ! Je me suis tellement empêchée d'en donner parce que je croyais que je n'en avais pas les moyens. J'en suis venue à croire que je n'en avais pas besoin. Alors, de toutes sortes de façons détournées, j'ai essayé de m'approcher de l'amour ; pas trop proche, c'est dangereux, aimer, ça peut faire très mal, ça peut tuer !

J'avais emmagasiné tous les propos anti-amour et je me les répétais sans cesse. J'étais une bâtarde, qui errait par dépit. J'étais un choix de dernière ronde. Je ne vivais pas de relations amoureuses, je vivais des relations de dernière ronde. Pour ne pas risquer de ne plus être sollicitée, je prenais le prochain passant, aussi longtemps que mes nerfs me le permettaient.

Tout ce que je croyais ne jamais tolérer, je finissais par le tolérer facilement, parce qu'au fond, ce n'était que moi ; quelle importance ! Parce que je ne me donnais pas le droit de quitter une relation, malheureuse en raison d'unions sans amour et sans désir. Je me boycottais, je rivalisais d'originalité pour provoquer des situations qui pourraient me libérer de cette relation.

Depuis longtemps, quand je planifiais mon avenir, c'était sans amour et sans enfants. Je me disais que c'était le prix à payer pour être une femme de carrière, que je ne pensais pas que je pourrais intéresser quelqu'un de bien. L'amour devenait de plus en plus interdit. Je croyais que je ne le méritais pas, que je n'avais rien à offrir de toute façon. J'étais une grande naïve et je suis devenue une pessimiste sceptique. Je me disais que l'amour n'existait pas. Je m'en convainquais lors de chaque échec, ce qui me donnait raison. J'étais agréablement déçue, confortée dans mes perceptions.

Je m'imposais des critères de plus en plus rigoureux pour rencontrer quelqu'un, en prenant bien soin de ne jamais sortir et de ne jamais laisser quelqu'un entrer en contact avec moi. Alors, à l'heure des bilans, j'avais continuellement raison : personne ne m'aime et je ne trouverai jamais l'homme idéal.

Je me programmais, je fuyais, je niais la réalité, je m'assurais de vivre en conformité avec mes perceptions et mes peurs. J'ai été rejetée par les gens de qui j'attendais le plus, sans vraiment comprendre pourquoi, alors je me suis résignée à cesser d'espérer l'amour.

Mes relations m'inspiraient le stress, la peur, la honte, la haine et l'ennui. C'était un peu comme reproduire et retrouver ce climat perturbant et douloureux auquel j'étais si habituée. De toute façon, l'amour était un grand inconnu, une réminiscence de ma petite enfance, une croyance populaire, un tabou personnel.

Je me répétais constamment, à l'intérieur de moi, que ça ne valait pas la peine de chercher ni d'accueillir le grand amour, que c'était trop inconnu, différent, suspect, et que c'était peut-être trop beau pour être vrai. Alors, en raison de ma dépendance et de mon cœur brisé, chaque petit attachement était perçu comme le grand amour. Et puis, j'ai abandonné, j'ai décidé de décrocher de cette pollution émotionnelle et de faire en sorte d'être bien.

J'ai toujours eu beaucoup de difficultés à parler d'amour. Ça fait tellement mal en dedans de savoir que j'en ai manqué que je n'arrive même pas à en parler.

C'est un grand soupir étiré. Il ne s'agit pas de lâcher prise, mais d'abandonner. Je me disais en peine d'amour depuis mes quatre ans. Pour survivre, j'ai dû pédaler et me retenir de me laisser aller, jusqu'à m'empêcher de me laisser aimer.

J'avais tout à apprendre, rien à partager. L'amour, dans ma vie, je l'ai gratté, bouffé, usé, joué, bu et fumé. Je n'avais pas l'impression que je pouvais en donner ni en recevoir. Je me méfiais, je me défiais, je m'enfuyais si ça commençait à avoir l'air vrai. J'ai passé à côté, les yeux bandés, le cœur figé, les dents serrées. J'ai tellement eu peur de me faire niaiser que j'ai été la première à rire de moi. Je me suis endurcie, presque immunisée contre les beaux sentiments; mon manque d'amour m'a fait violence.

Tout le reste devient banal, parce que c'est l'amour qui donne tout son sens à la vie. J'ai eu envie de me dire «je m'aime», mais j'avais peur de me recevoir à coups de poing et de me cogner la cage thoracique.

J'ai eu envie de frapper dans les murs, de m'arracher les cheveux, de retenir mon air et de me mordre les poings. C'est dur d'entrevoir l'amour à travers tant de souffrances.

En espérant l'amour, je tentais de devenir parfaite. Je me disais que j'allais devenir tellement parfaite que mon père et sa femme allaient finir par m'aimer. J'avais des exigences très élevées face à moi-même et un sentiment continuel d'insatisfaction par rapport à ce que je réalisais.

J'ai appris à devenir plus clémente envers moi-même, à accepter mes maladresses et le fait que je sois humaine et imparfaite. J'ai compris que je pouvais être aimée telle que j'étais, car chaque personne a une grande valeur.

22
L'anorexie

C'est dès l'enfance que j'ai eu des comportements anorexiques. Je faisais des jeûnes de protestation, car je vivais des situations insoutenables. Je me rendais compte que je pouvais contrôler mon corps et exprimer ma détresse à travers la privation. Je me servais de cette arme pour manipuler mes parents, les forcer à réagir autrement avec moi. Je n'avais pas de contrôle sur mon environnement, alors je tentais de contrôler mon corps, même si ça me causait du tort.

Pendant une certaine période, j'ai complètement perdu le contrôle de mon poids, mes vomissements étaient systématiques et incontrôlés, mais je ne luttais pas contre cet état. Je me voyais fondre et ça me plaisait.

C'était directement lié à mon état psychologique et aux situations auxquelles je réagissais. Ça a perturbé mon organisme et mon poids a beaucoup fluctué après cet épisode d'anorexie. C'est un déséquilibre qui s'est exprimé ainsi, et j'ai dû me rééduquer à accepter les aliments et à me satisfaire d'un poids santé. Quand je me suis vue amaigrie, squelettique, j'ai constaté le gâchis et je me suis mise à pleurer.

Je ne voulais plus m'affamer, me laisser mourir à petit feu et faire endurer de nouveau ce supplice à mon corps. À un certain point, c'était devenu dangereux pour ma santé et ça aurait pu provoquer de plus graves déséquilibres à long terme. Je ressemblais à un cadavre ambulant, j'étais affaiblie, je m'évanouissais facilement, j'étais étourdie, je m'assoyais sur des os. J'habillais des tailles pour enfant et je disparaissais à vue d'œil.

J'ai réalisé que ça n'avait pas de sens, que je devais lutter contre cette forme de mutilation et d'autodestruction pour préserver ma vie, ma santé et mon équilibre physique. Je me suis rendu compte que j'étais rendue très bas et que j'aurais pu en mourir. Il y a des choses qui ont bien plus d'importance dans la balance que m'acharner à me faire fondre.

23
Ma personnalité troublée

Longtemps, je croyais avoir développé une double personnalité à la suite des traumatismes que j'ai subis durant l'enfance. Je me disais que toute cette souffrance emmagasinée avait dû me perturber au quotidien, à un point tel que je fragmentais la réalité en des parties plus faciles à digérer, à accepter. Alors est née Louise, une personnalité impulsive, impatiente, spontanée, fonceuse, égocentrique, égoïste, vagabonde, irresponsable, insensible, et qui ne connaît pas la peur.

En fait, c'était un *alter ego*. C'était la main qui secourait une personnalité opprimée et fragilisée. Louise prenait la relève, dès que je vivais des situations frustrantes ou des émotions douloureuses ; elle reprenait le contrôle. Son attitude extrémiste et impulsive mettait souvent la partie fragile, perfectionniste et sans confiance en moi dans l'embarras. Une partie de moi reniait l'autre ; il y avait une rupture.

Convaincue que je sortirais traumatisée de ma vie, une partie de moi est allée se réfugier dans le monde merveilleux que je m'étais construit. Quand ma réalité ressemblait à ce Walt Disney émotionnel, alors la petite Marie-Soleil s'exprimait avec retenue et survivait, marchant sur la pointe des pieds. Mais dès qu'un événement impliquant un défi émotionnel se présentait dans ma vie, alors elle fuyait se réfugier dans son monde secret. C'est Louise qui prenait la relève.

Louise était une création de mon imaginaire, un être capable de survivre aux pires intempéries et de les provoquer. Elle n'avait pas de gouvernail, selon Marie-Soleil ; et Marie-Soleil n'était qu'une mauviette infantile, selon Louise. Ce jeu complexe et encore plus difficile à expliquer m'a servi très longtemps pour négocier avec ma douleur et mon passé. Mais la fuite n'a pas été une prolifique occasion de croissance émotionnelle. Alors, mes deux parties, de plus en plus en conflit, vivaient des vies incompatibles l'une avec l'autre.

Et j'ai fini par décider de les marier, malgré leurs différences qui semblaient irréconciliables. Je me suis rendu compte que tout n'est pas blanc ou noir, qu'il y a des nuances qui font la richesse d'un être et son unicité. Je ne suis qu'humaine et imparfaite, mes intentions d'être parfaite ne me permettaient pas, dans les contraintes que je m'imposais, de vivre des écarts de conduite qui font parfois du bien et nous font apprendre et grandir. Louise et Marie-Soleil ont appris à se connaître et se sont rendu compte qu'elles étaient beaucoup plus semblables que différentes, qu'elles avaient toutes les deux besoin d'amour et de tendresse et que c'est la souffrance qui les séparait, mais que c'est l'amour qui les a aidées à se rapprocher l'une de l'autre.

Louise a laissé tomber plusieurs masques et plusieurs rôles, Marie-Soleil a aussi beaucoup évolué et elles en sont rendues à un point où elles peuvent cohabiter, fusionner, grandir et se libérer. Louise a été une béquille qui m'a supportée et permis de survivre aux émotions douloureuses que j'avais l'impression de ne pas pouvoir confronter. Ce qui m'a été utile en période de survie ne l'était plus nécessairement dans mes périodes d'accalmie.

C'est en thérapie que j'ai dit au revoir à Louise pour la dernière fois. Je ne voulais pas me complaire dans ces justifications complexes et confortables de la souffrance, je voulais prendre la responsabilité de ma vie, de mes souffrances, de mon mal émotionnel et grandir avec, au lieu de fuir et de me mettre un masque.

24

Vivre avec ma souffrance

Dans les familles dysfonctionnelles, rien n'était limpide. Personne n'osait dire la vérité, tout le monde s'exprimait par symboles... Élevés au cœur du drame et de la complexité, nous perdons de vue la simplicité.

Wayne Muller

J'ai toujours eu envie d'aller mieux, de me rapprocher de moi. Il n'y a personne qui se complaît dans le malheur. Je me suis souvent rendu compte que j'avançais dans la vie, hypothéquée par mon manque d'amour et qu'il me manquait des outils pour bâtir mon bonheur. Alors, j'ai lu des livres, j'ai écouté des gens, j'ai essayé de faire mieux, je me suis relevée. Il y avait une voix au fond de moi qui me disait qu'il y avait du positif quelque part et que ma souffrance allait m'édifier, m'armer, m'aider plus tard.

Pendant un certain temps, j'en parlais, je la lançais à qui voulait l'entendre et je me suis tannée de m'écouter me plaindre. J'en avais tellement parlé, je l'avais recréée, elle était devenue une entité à part que je tenais par la main, comme preuve accablante de mon passé. Puis, je l'ai enterrée vivante dans la cave de l'oubli et du déni ; j'ai décidé de faire ma vie sans cette souffrance. Il n'y avait rien à comprendre. Tout le ressentiment a été enterré avec elle, toute la sensibilité qui me permettait de m'émouvoir et de réagir, de comprendre et de me libérer.

Alors, ma souffrance s'est déterrée et elle est venue me hanter, je me suis mise à la fuir et à la nier ; j'en faisais des cauchemars toutes les nuits, et ce, pendant des années. Dans mes rêves, je fuyais constamment des méchants, sinon des situations qui me déplaisaient, alors je courais et je m'enfuyais sans relâche, j'avais peur, j'en mourais et je devais fuir encore. Je me réveillais dans un corps que je ne connaissais plus, un être dont je me défilais, mais ma douleur me poursuivait, seule ou accompagnée.

Ma peur de l'affronter grandissait chaque jour, puis, à un moment donné, elle m'a rattrapée, elle m'a mis la main sur l'épaule, elle m'a serrée dans ses bras, elle s'est assise à côté de moi, elle a ouvert la porte de mon cœur et elle y est entrée. Je l'ai revécue aussi fort que chaque première fois, ça faisait mal à mon cœur d'enfant, puis j'ai ouvert les bras, elle s'est envolée, et la porte de mon cœur est demeurée ouverte.

Longtemps, j'ai eu très peur d'être déséquilibrée, de m'éloigner trop loin de mon utopie de perfection, puis en m'ouvrant davantage aux autres, j'ai compris qu'il n'y a personne qui n'a jamais souffert et qui n'a jamais fait souffrir les autres. La souffrance est capable du plus grand mal et du plus grand bien.

Ma souffrance, je la tenais en otage dans un petit compartiment bien identifié à l'intérieur de ma tête. J'ai essayé de l'effacer, de la fuir, de la tuer, de la détruire, mais c'est contre moi que ça se retournait. J'ai finalement accepté de la laisser exister : elle fait partie de mon évolution, de ma transformation et de ma liberté.

J'ai choisi de la laisser vivre, comme toutes les autres émotions que je ressens. Je donne la permission à ma souffrance d'exister. Je ne la laisse plus prendre le contrôle de moi, mais j'apprends à lui faire une place, je la laisse se libérer. Vivre pleinement mes deuils, ça m'a aidée à me libérer de ma souffrance et à la laisser se transformer en quelque chose de salutaire, de sain. Je lui ai trouvé un sens, une utilité. Elle me rapproche de moi et me permet d'apprécier peut-être davantage mes bonnes journées.

25
Je n'étais pas totalement seule

Ma souffrance fait partie de ma vie, de ce qui je suis, de ce que j'ai en banque pour avancer dans la vie. Je suis en paix avec elle, elle ne me fait plus peur et quand la douleur revient, je la laisse circuler.

Longtemps, je me répétais avec fierté que je m'étais construite moi-même. C'est faux. J'ai fait des choix, j'ai saisi des chances, mais j'ai reçu de l'aide, on m'a soutenue. Il y a beaucoup de gens qui m'ont aidée à grandir, gratuitement, avec tendresse et sans attente. Des gens que seule la vie pouvait placer sur mon chemin. Ils m'habitent toujours, je leur dois beaucoup.

Ma grand-mère a été une figure marquante dans ma vie, une deuxième mère, une des plus belles âmes que la vie m'a permis de connaître. Le temps qu'elle m'a consacré est précieux, ce sont des moments de ma croissance, marqués du sceau de la qualité, de l'authenticité. C'est un modèle d'humanité et de générosité qui m'a aidée à vivre en harmonie avec mes valeurs et à chercher continuellement à devenir une meilleure personne.

J'ai eu le cadeau d'être entourée de grands-parents merveilleux qui m'encourageaient positivement et qui m'aimaient pour ce que j'étais. Me retrouver chez mes grands-parents, c'était un moment de paix, de respect, de tendresse et de compréhension. À leur contact, j'ai compris que les véritables parents, ce ne sont pas ceux qui nous mettent au monde, mais ceux qui s'occupent de nous.

26
Mes mécanismes de survie

Autant le potentiel de survie d'une personne qui choisit de rassembler les conditions nécessaires est extraordinaire, autant son potentiel de guérison peut s'avérer sans commune mesure avec les souffrances qu'elle a traversées. Même durant les passages à vide, les moments de détresse, de vide et d'incertitude, ce potentiel demeure, latent, présent, prêt à se manifester pour combattre l'adversité et permettre au corps de retrouver son équilibre.

J'ai dû développer plusieurs mécanismes de survie pour demeurer vivante et fonctionnelle. Certains de ceux-ci ont été renforcés d'épreuve en épreuve et sont devenus une deuxième nature, très efficace en situation de crise, mais souvent beaucoup moins appropriés en période d'accalmie. J'ai appris à fuir rapidement pour sauver ma peau, à me couper de mes émotions le temps que le terrain redevienne propice à l'expression de celles-ci, j'ai dû renoncer à plusieurs de mes besoins, analyser rapidement des situations, être sensible aux signaux de mon environnement, jouer des rôles pour préserver ma sensibilité et ce que j'étais réellement.

Cette carapace m'a servie, elle a été salutaire, et le plus dur, quand la tempête est passée, c'est de mettre cette armure de côté. C'est comme si je me promenais avec une protection pesante, qui devenait plus embarrassante qu'aidante, juste au cas où j'en aurais de nouveau besoin. Ça devenait lourd à porter, j'ai eu besoin d'aide pour me désarmer et développer des outils plus appropriés à ma nouvelle réalité.

27
Volontairement optimiste

Ce qu'il y a de plus beau dans ma vie,
c'est ce que j'ai choisi d'en faire.

Vers l'âge de 20 ans, à la suite de la lecture d'une centaine de livres sur le positivisme, j'ai adhéré progressivement à une valeur que je n'avais pas beaucoup développée auparavant.

J'ai choisi de devenir volontairement optimiste.

J'ai dû faire ce choix pour arrêter de m'apitoyer sur mon sort et pour enlever de l'espace, dans mes pensées, à des idées polluantes. Je n'avais pas choisi ma vie et mes limites. Ces épreuves me sont tombées dessus et je devenais de plus en plus fataliste et pessimiste.

Avec mon lot de blessures, je me disais qu'il n'y avait qu'une façon de devenir heureuse : en me nourrissant de belles choses et de pensées constructives, en côtoyant des personnes agréables et en ayant des loisirs. Je tente de créer volontairement dans ma vie des situations positives qui vont devenir de bons souvenirs qui contrebalancent les moments durs.

Ça a été difficile d'adhérer à cette façon de penser, mais j'ai lu et relu ces pensées, je les ai méditées et je me suis exercée à les verbaliser le plus souvent possible, pour les intégrer, et que ça fasse désormais partie de moi. Je voulais que ce soit ces pensées qui remontent à la surface, qui soient les plus récentes et qu'elles soient gravées et imprégnées dans mon inconscient. Je récitais des maximes en m'endormant et en me réveillant, je gardais les yeux rivés sur des phrases qui donnent de l'espoir, de l'espace aux rêves et aux défis.

Je me suis intéressée à la vie d'autres personnes, je me plaisais à écouter de belles anecdotes, des exemples de courage et de détermination. J'ai choisi de me construire, de me choisir un avenir meilleur, de m'ouvrir à d'autres possibilités, parce qu'au fond de moi, j'en valais la peine. Je me suis accrochée à ce qu'il y a de beau et de bon dans la vie. J'ai ri, tellement ri ! J'ai savouré la légèreté artificielle à laquelle je m'étais conditionnée.

Ma crainte était de sombrer dans un autre monde, dans un univers idéalisé qui me dissociait de ma réalité ; j'ai pris le risque, je me disais que le pire qui puisse m'arriver, c'est de devenir une imbécile heureuse.

Pour éviter de verser dans l'abstrait et l'intangible, je me suis fixé des objectifs concrets, j'ai élaboré des projets, j'ai planifié des activités plaisantes qui donnaient des résultats réels dans ma vie, en respectant du mieux que je pouvais mes limites, mes ressources et mes besoins.

J'ai dû faire preuve de créativité et de débrouillardise pour atteindre les objectifs que je m'étais fixés. À rabais, j'ai voyagé, j'ai trouvé des vêtements dans des friperies qui me rendaient fière, j'ai acheté des livres d'occasion et je passais beaucoup de temps à la bibliothèque. Je me promenais dans de belles rues, j'écrivais dans des parcs. J'avais des besoins simples et je m'efforçais de me complaire dans la simplicité et je tentais d'apprécier ce que j'avais.

Ça n'a pas été vrai tout le temps, je me suis parfois révoltée contre cette philosophie bonbon qui ne ressemblait pas toujours à mon quotidien, mais j'y retournais, parce que ça me nourrissait, parce que ça me redonnait de l'espoir et que ça m'aidait à réussir ce que j'entreprenais.

J'ai dû faire des sacrifices, changer mes priorités, m'adapter, bouleverser parfois mes plans, mais j'y arrivais, et c'était un événement positif de plus sur la liste de mes réalisations. Que ce soit pour réussir mes études ou m'accomplir au travail, j'avais la même attitude : persévérer, et arrêter de faire des efforts seulement au moment où j'aurais atteint mes objectifs.

Il a fallu que je fasse des sacrifices. Alors, j'ai sacrifié de longues heures d'autoflagellation et de complaintes, j'ai sacrifié le temps à attendre que quelqu'un d'autre prenne conscience de ma valeur, les petits tracas quotidiens étaient réglés vite fait. Je n'avais pas d'énergie pour m'éterniser sur des batailles inutiles, je devais avancer et j'ai rassemblé mes forces pour progresser en ce sens.

Bien sûr, au fil des années, des souffrances mal digérées m'ont rattrapée, et je n'ai plus eu le choix d'y faire face : j'étais mise au pied du mur. Je me suis arrêtée, j'ai demandé de l'aide et j'ai continué ma route.

28
Faire confiance à la vie

Je suis devenue de plus en plus heureuse de jour en jour, et de plus en plus près de l'enfant blessée au fond de moi, de plus en plus capable de laisser s'exprimer mon enfant intérieur et de m'ouvrir aux autres et de leur faire confiance. Je fais confiance à la vie, je me sens de mieux en mieux dans ce monde.

Ce qui m'a beaucoup aidée à traverser les épreuves, c'est mon attitude, et ce qui m'a le plus nui en ce qui concerne les circonstances de la vie, c'est aussi mon attitude. J'ai tellement considéré ma souffrance dans ma vie que tout le reste devenait illusoire et je devenais de plus en plus égocentrique et hermétique.

Pour rebâtir mon estime et ma confiance en moi, j'ai décidé d'aller à la conquête d'expériences valorisantes, dans des domaines où j'avais de la facilité et de l'intérêt.

C'est d'abord grâce à ces activités que j'ai été reconnue et encouragée.

Plusieurs expériences m'ont alors valorisée, m'ont permis de mieux me connaître : mes goûts, mes limites, mes faiblesses et mes forces. Il n'a pas fallu que j'attende d'avoir confiance en moi pour entreprendre ces projets, c'est en les réalisant que je développais ma confiance, et c'était un plus pour mon estime personnelle.

C'est en ayant du plaisir, des défis à relever, des gens à connaître et des amitiés à développer que je me bâtissais un capital de confiance en mes capacités.

Une expérience me redonnait confiance pour un nouveau projet, et de fil en aiguille, je réalisais des choses, je vivais des expériences qui me forgeaient et me donnaient le goût d'aller plus loin. Je me rendais compte que j'avais accès aux mêmes chances que bien des gens qui ont été davantage privilégiés dans leur vie que moi. Je pouvais en bénéficier moi aussi, grâce à une bonne attitude, parfois en prenant les bouchées doubles, et en mettant de côté des boulets qui m'empêchent d'avancer.

J'ai pris conscience que j'évoluais dans une société qui partage elle aussi un idéal d'équité et que j'avais moi aussi accès aux meilleures possibilités.

C'est dans l'action que j'ai appris à me connaître davantage et à trouver un sens à ma vie. Tout ce qui m'entoure est porteur d'un message, mais tout n'a pas de sens pour moi. J'ai vivoté longtemps en espérant que la reconnaissance des autres soit porteuse d'un sens véritable à mon existence. C'est en me décentrant de mon petit moi et en me demandant qu'est-ce que je pourrais apporter de plus constructif aux autres que ma vie a pris une plus grande signification.

29
Garder la tête haute et ne jamais me lâcher

J'avance debout dans ma vie.

Je me sens fière de ce que j'ai réalisé dans ma vie, même à travers la souffrance, les humiliations, la détresse et parfois même l'abandon. Je suis fière d'être en vie, j'ai ma place et je veux garder la tête haute. Je n'ai pas réussi à poursuivre mes études aussi loin que je le désirais, j'ai vécu des échecs et des déceptions et ça fait partie de la vie.

J'attendais de réussir à atteindre tous mes objectifs pour me féliciter, mais c'est assez. Je me suis réussie, car je suis en vie et j'aime la personne que je suis, parce que j'ai continué d'avancer en demeurant intègre et que je n'ai jamais cessé d'aimer et de remercier la vie. J'ai le luxe d'être une personne ordinaire qui est encore capable de donner et de rêver. C'est pour ça que je marche le tronc droit et que je garde la tête haute, en regardant droit devant.

J'ai vécu des moments de désespoir et de découragement, je me suis même abandonnée, plus d'une fois. L'abandon le plus douloureux que j'ai subi, c'est quand je me suis laissée tomber. Même pendant ces moments de détresse, j'ai cherché de l'aide, j'ai voulu survivre. Il fallait que je m'accroche, sinon je m'enlevais toutes les chances de me rattraper. Face à l'irréversible, je devais renverser la vapeur et continuer.

30
Les pensées et les attitudes positives

Les pensées positives ont eu un impact très bénéfique dans ma vie ; j'ai essayé de ne pas trop me laisser entraîner par la mélancolie, de faire sonner le plus possible les cloches du présent et de chasser le plus rapidement les pensées négatives. Quand je leur donne du temps et de l'énergie, je leur donne du pouvoir, alors je m'efforçais de les remplacer par des pensées positives.

Durant des années, j'ai choisi d'être volontairement optimiste, de chasser les pensées négatives, de m'alimenter d'informations constructives, de m'exposer à des images positives et agréables, de m'entourer d'objets qui me rappellent de bonnes vibrations, de rire le plus souvent possible, même de moi.

Plus mes pensées étaient positives, plus je m'intéressais aux aspects positifs de la vie, et plus il m'arrivait des situations agréables. J'étais réceptive aux éléments constructifs, j'étais disponible pour les apercevoir et les apprivoiser.

Mon attitude changeait progressivement et je me suis rendu compte que mes propos, mes écrits et mes choix devenaient de plus en plus clairs et agréables. Parfois, j'ai sombré dans l'excès, je voulais brûler des étapes parce que je n'étais pas sincère dans mon désir d'être bien et de m'entourer d'énergies positives. Alors, je devenais obsédée par des détails anodins, je devenais hypersensible devant la feuille fanée ou indifférente devant la véritable beauté.

Les oasis de paix se multipliaient et les excès duraient de moins en moins longtemps. Je me suis mise à ressentir une brise douce, adossée à un arbre, lors d'une journée tiède de printemps, à ne rien attendre et à ne rien espérer; ressentir seulement les choses, inspirer et expirer du mieux que je le peux. Chaque fois, j'ai eu envie de dire merci, pour le paysage, les chenilles, les écureuils, les reflets sur l'eau et les dessins dans les nuages.

Le temps n'avait plus d'importance. Je serrais les arbres dans mes bras. J'enlevais mes souliers pour sentir la pelouse. Je flânais dehors de plus en plus souvent. Les oiseaux faisaient leur parade, les canards, un spectacle amusant.

Puis, je me suis rendu compte que j'avais beaucoup de ressources puisque j'avais traversé tout ça et que j'étais suffisamment outillée pour affronter la vie. Je n'ai plus ressenti le besoin de traîner ces lourdes armures. Je voulais vivre et poursuivre ma quête d'équilibre. Plus je me sentais bien, mieux ça allait. Une déception n'était pas une déception de plus ou de trop, mais tout simplement une déception.

Plus je devenais volontairement optimiste, plus ça devenait spontané. Plus ça faisait partie de moi, plus j'en avais envie. Les sujets de conversation qui m'intéressaient ressemblaient de moins en moins à des drames et de plus en plus à des mélodies. Je me répétais sans cesse de belles maximes que je lisais dans des livres de croissance personnelle.

Je voulais me nourrir de bonnes énergies pour remplacer la douleur. Et plus ça allait, plus je programmais mon cerveau de façon positive et constructive, et plus j'intégrais une façon positive et constructive de réagir face aux situations de ma vie. Mes projets devenaient de plus en plus faciles à réaliser. Le fait d'abandonner le négatif m'a donné une grande énergie pour avancer et pour réaliser des projets de plus en plus intéressants.

Mon dialogue intérieur est devenu de plus en plus léger, positif et agréable. Je broyais de moins en moins souvent du noir, et quand ça arrivait, j'avais de plus en plus d'outils pour me débarrasser de ces énergies négatives. Je relisais mes maximes, je me fixais de petits objectifs constructifs, j'énumérais cinq émotions ou problèmes que j'avais vécus dans la journée sur une page, et dans une colonne, à côté, cinq solutions créatives pour y remédier.

Parfois, j'écrivais ma liste des « merci ! », je tentais d'en oublier le moins possible, et de page en page, je me rendais compte que j'étais gâtée par la vie, privilégiée. Ces exercices devenaient de plus en plus fréquents quand je me sentais moins bien. J'ai voulu prendre l'habitude de trouver des solutions, plutôt que des problèmes. J'étais devenue, au cours des années, très négative et fataliste, et cette attitude de plus en plus positive m'a aidée à reprendre le pouvoir de ma vie et à prendre des initiatives afin de goûter au bonheur.

Régulièrement, je me rappelais mes objectifs, pour ne pas les perdre de vue, et je me félicitais pour mes réalisations. Je me disais « bravo ! » de plus en plus souvent, et quand j'étais découragée, je prenais le temps de me rappeler mes objectifs et de prendre conscience de mes progrès. Mes rêves évoluaient avec moi, je revenais souvent à l'essentiel, à mes gros cailloux, à ce qui était important pour moi.

Souvent, près du but, il m'arrivait de m'éparpiller, de multiplier les erreurs, de faire des actes manqués par peur de réussir, mais je retournais à l'intérieur de moi afin de mieux relever mes manches. Je réalisais de plus en plus les défis en souriant, avec humour et confiance, plutôt qu'en étant pessimiste et en me sentant écrasée. L'attitude fait la différence.

J'ai dû apprendre à dédramatiser, à m'aimer plus fort quand je trébuchais et à faire ce pas de plus qui fait la différence entre la réussite et l'échec. Chaque fois que je me sentais bien et en harmonie avec moi, j'avais le sentiment d'avoir accompli quelque chose, d'avoir réussi ; c'était une étoile de plus sur mon bulletin. Plus j'osais, plus je me trompais ; et plus j'étais fière de ce que j'avais accompli, et plus j'avais confiance et plus je fonçais. J'étais déçue de moins en moins longtemps et de moins en moins souvent.

Plus j'avais confiance en moi, moins je dépendais des autres pour réussir, et plus j'étais fière et encouragée de la réussite des autres. Je ne voulais plus être dépendante de l'approbation des autres, immobilisée par leur propre peur de réussir, leur propre conditionnement à l'échec.

Dans l'incertitude, je me contentais de semer avec confiance, de travailler avec acharnement afin d'atteindre mes objectifs. Je ne voulais plus défendre mes rêves et mes projets, les exposer à l'insécurité des autres et risquer de perdre mon enthousiasme, alors j'ai décidé d'agir, de foncer.

Mes modèles étaient ceux qui avaient su se dépasser, sortir des sentiers battus et réussir. C'est leurs actions, leur persévérance et leur enthousiasme qui m'inspiraient. Je me nourrissais de plus en plus d'énergies positives et je cherchais continuellement à me ressourcer.

J'ai voulu atteindre l'équilibre, grandir et avancer en prenant soin de ce que j'étais comme être entier, avec mes forces et mes faiblesses. Je me suis demandé ce dont j'avais le plus envie dans la vie, qu'est-ce qui était important pour moi et ce que j'étais prête à investir pour atteindre mes objectifs. Tout est devenu plus simple, plus agréable. Mes projets se remplissaient d'amour et de confiance, c'était plaisant. Ce n'était pas mon manque flagrant d'amour qui quémandait l'approbation, mais mon désir d'évoluer qui me stimulait dans la réalisation de mes projets.

Mes petites victoires quotidiennes n'avaient pas toujours besoin d'être visibles pour me faire du bien. J'évitais les contraintes et les obligations trop importantes que j'abandonnais par épuisement, brûlée à m'en écœurer, poursuivant des rêves auxquels je ne tenais même pas. En prenant conscience que je valais quelque chose, je ne voulais plus devenir quelqu'un, mais grandir en tant qu'être humain. Mes épaules sont devenues plus légères, le travail plus agréable et les défis plus stimulants.

En visant tout d'abord l'équilibre, je pouvais mieux doser mes énergies et j'évitais qu'une partie de moi soit brimée dans ce processus. En prenant mieux soin de moi, je respectais davantage les autres. Avant, je les percevais comme des nuisances à ma réussite personnelle, mais ils sont devenus plus facilement des partenaires. En étant mieux et plus honnête avec moi, je me sentais plus franche envers les autres. Tout devenait plus facile et tout évoluait plus rapidement.

Je devais retourner souvent à l'intérieur de moi, faire taire ces petites peurs, ces petits « non » enregistrés par erreur qui ont pris du temps à s'effacer dans mon inconscient. Mais je réécrivais du positif par-dessus et je leur laissais de moins en moins de place à l'intérieur de moi. J'ai eu envie de revitaliser mon énergie.

Par le yoga, la danse, le dessin, l'écriture, le chant, les nouvelles formations, l'écoute, la lecture, l'écriture, le massage, les balades, le contact avec les animaux, les petits voyages, la musique, le bricolage, la méditation et des tonnes d'autres outils, je me suis nourrie de sensations d'émotions agréables. Quand je me vois heureuse, je le deviens et j'ai envie de le partager.

Une des erreurs que j'ai faites dans ma vie, c'est de me croire que j'avais réussi dès que je me sentais mieux et que j'avais le sentiment d'avoir accompli quelque chose. Alors, je m'assoyais sur mes lauriers et je m'enorgueillissais de ce que j'avais accompli. Chaque fois, je me faisais ramasser, secouer par la vie, laquelle me donnait encore une fois une bonne leçon d'humilité.

31

Croire en quelque chose de plus grand que moi

Sa façon d'aimer est douce comme la douce brise qui nous caresse au printemps !

(anonyme)

Pour atteindre mes objectifs, j'ai fait des choix, j'ai développé des parties de moi et j'en ai laissé d'autres à la remorque. En fait, je courais, je m'essoufflais vite, mais je tournais souvent en rond.

Pour réussir, j'ai dû miser sur l'équilibre, parfois en prenant des pauses en ce qui concerne certains aspects de ma vie, afin de permettre à d'autres de se consolider.

En respectant mon rythme et mes limites, je continue d'avancer. Avec le temps, je prends conscience de mon potentiel et de mes limites. Pour préserver mon équilibre, je n'ai pas le choix de respecter ma propre homéostasie.

J'ai envie d'être bien, de laisser au passé ce qui lui appartient, de remettre aux personnes qui me les ont transmises leurs peurs et leurs angoisses. J'ai gardé ce dont j'avais besoin pour avancer dans la vie, et le reste, j'essaie de m'en débarrasser à mesure que ça refait surface.

Je me suis préparé des phrases comme celles-ci : « Je n'ai pas besoin de ça pour avancer dans la vie… Ça, ça t'appartient, ça ne m'appartient pas… Je fais confiance en la vie… Je remets ça entre les mains de la vie… Fais-toi confiance, ma belle ! » Et j'investis mes énergies dans des choses positives et constructives ; j'associe des situations qui m'ont blessée à des situations de guérison.

Je me nourris de pensées qui sont remplies de bon et de bien-être. Je me concentre sur la façon de prendre soin de moi, plutôt que de me détruire et de me paralyser par l'angoisse et les pensées négatives.

Je me serre dans mes bras et je me chuchote doucement que je vais prendre soin de moi et que la vie va prendre soin de moi. Alors, mon cœur bat plus doucement, les belles pensées reviennent et je respire mieux.

32
Recréer ma vie

Une fois adulte, j'ai dû recréer ma vie. Je me suis choisi des modèles que j'admire et auxquels j'ai envie de ressembler. Je m'efforce de savourer chaque journée sans être prisonnière du quotidien. De cette façon, je sais qu'aujourd'hui sera un bon souvenir pour demain. Je me nourris de pensées constructives, je me satisfais de petites réalisations concrètes, j'essaie de ne pas être trop dure envers moi-même.

J'ai essayé de vivre pleinement chaque moment. Je suis présente à ce qui m'arrive : les odeurs, les saveurs, les couleurs, les plantes, mon chat qui joue, le bruit de l'eau dans une petite fontaine, la voix agréable de quelqu'un que j'aime, la lumière du jour, le calme sécurisant de la nuit, les choses qui me font rire et les images agréables. Après une vie de désorganisation et d'instabilité, j'apprends à savourer les plaisirs du quotidien. Moi, la routine, ça me plaît; d'ailleurs, j'essaie de m'en créer une, avec des habitudes qui m'aident à bâtir ma stabilité intérieure.

33
Développer des solutions créatives

Un des héritages de mes années de survie, c'est que je me garde toujours des portes ouvertes, des possibilités ; je ne tiens rien pour acquis. J'ai dû faire preuve de débrouillardise et de créativité pour me sortir de situations difficiles, et ces mêmes attributs m'aident dans la réalisation de mes projets. Je me dis qu'il y a constamment des chances qui se présentent. Je pense en termes de solutions plutôt que de considérer les problèmes. C'est ma façon de m'en sortir.

Je me garde toujours une voie de secours : je sais qu'en l'espace d'un moment, tout peut changer, tout peut basculer. Je me prépare à plusieurs scénarios. C'est parfois fatigant, j'ai le sentiment d'avancer avec des lunettes déformantes, mais je sais d'où ça me vient et j'essaie d'en tirer du positif.

Au lieu de me mettre des œillères, j'essaie de regarder plus loin, de ratisser plus large, de m'adapter, de m'ouvrir l'esprit, d'imaginer d'autres options ou d'autres possibilités pour me sortir d'une impasse ou relever un défi. Au lieu de me résigner à l'habituel, au connu, au confortable, j'étudie de nouvelles avenues ou je les crée, car elles sont des sources de solutions.

34
La capacité d'adaptation

L'être humain possède un immense potentiel de survie et de guérison et une grande capacité d'adaptation.

Chaque changement est un défi pour notre sens de l'adaptation, qui nous modèle et nous transforme si nous ne résistons pas. Tous ces changements ne sont pas nécessaires. On peut voir une crise comme une injustice profonde qui perturbe notre équilibre ou comme une chance de changer, de développer une plus grande résistance aux perturbations que nous vivons. On se remodèle, on se métamorphose, on reprend forme grâce aux prises de conscience que le changement provoque.

Mes plus grandes déceptions viennent toujours de mes attentes ; je croyais faussement que je devais être heureuse et que la vie était là pour s'en charger. Comme si l'existence me devait quelque chose. J'ai réalisé que mon plus grand privilège, c'est d'être en vie, et que personne ne me doit rien. C'est heureux, c'est souhaitable que tout aille toujours bien, mais la réalité est autre.

Il arrive des épreuves et on se blesse. Mais ce sont des occasions et des moments privilégiés, et c'est à moi de me modeler à la réalité, pas le contraire. Pour accroître ma capacité d'adaptation, j'ai dû faire preuve d'une plus grande ouverture, j'ai dû être plus réaliste et plus flexible, et accepter la vie telle qu'elle est. Je n'ai pas un pouvoir illimité sur les événements, mais j'ai une grande influence sur mon attitude et mes pensées.

35
La sagesse des aînés

On croit qu'en vieillissant, on devient plus sage, c'est que l'on est juste plus fatigué.

J'ai eu le privilège, très tôt dans ma vie, d'être en contact avec des personnes âgées qui avaient réussi leur vie. Parmi eux, j'ai choisi des modèles, des sources d'inspiration. Auprès d'eux, j'ai pris conseil et j'ai cherché à comprendre. En écoutant leur expérience, leur façon de se sortir grandis des épreuves, je me suis forgé une identité plus forte, loin de l'agitation étourdissante de ma jeunesse.

Leurs paroles avaient le poids d'une vie. J'ai passé du temps avec des encyclopédies vivantes, qui m'ont donné avec bienveillance une sagesse qui mûrit avec les années. J'ai côtoyé des gens pour qui chaque minute de bonheur avait compté. Des gens qui ont cultivé une façon positive de voir la vie. Ils m'ont appris, entre autres, que ce ne sont pas les expériences négatives qui nous modèlent, mais la perception qu'on en a et le pouvoir qu'on leur donne par rapport à notre existence.

Conclusion

J'ai été traumatisée par des gens qui étaient responsables de mon développement, qui étaient en position d'autorité par rapport à moi. Aujourd'hui, je ne vis ni colère ni ressentiment, mais je me suis donné le droit de raconter ce que j'ai vécu et ce qui a façonné une partie de ce que je suis devenue.

La violence familiale est destructrice et intolérable ; ce n'est pas en perpétuant les tabous que ce fléau se résorbera. Le mensonge demeure l'une des conditions nécessaires pour qu'elle se perpétue.

Ce qui m'a aidée, c'est d'en parler, de dénoncer cet abus et de reconnaître que j'en ai été victime, pas responsable. Ce qu'il me reste de mon enfance, ce sont des cauchemars qui me hantent.

Aujourd'hui, malgré ma famille brisée, je suis en paix avec mon enfance. Je crois que les parents qui ont fait cette erreur de jugement, à une certaine période de leur vie, doivent le reconnaître et prendre conscience de la détresse qu'ils font vivre à l'enfant, et l'impact négatif que ça peut avoir sur son développement.

Ce que je retiens de mon parcours de vie, c'est que peu importe l'héritage douloureux que nos parents nous ont légué, une fois libéré du joug de l'impuissance, chacun de nous possède le pouvoir et la liberté de recréer sa vie et de reconstruire ses zones sinistrées.

Aussi faibles que soient les espoirs de réconciliation, aussi long que puisse s'avérer un processus de pardon, aussi incapacitantes que puissent demeurer les relations avec des parents toxiques, l'essentiel, lorsqu'on a survécu à la maltraitance, est de ne pas rester prisonnier de ce conflit de loyauté envers des parents qui nous ont agressés, mais de faire preuve de compassion envers l'adulte que nous devenons.

Nous pouvons choisir de *nous* réussir, même si nous revenons de très loin, et nous donner une qualité de vie à la mesure de nos plus profondes aspirations.

On devient alors son propre parent, son amour guérisseur et, avec le temps, on transforme les blessures de l'enfance en une rage de vivre que l'on nomme résilience.

Quand je n'étais qu'une enfant, mes genoux ont trop souvent frappé le sol sous le poids de coups pendant que mon petit ventre tremblait. Aujourd'hui, ma vie, je la vis debout.

Bibliographie

ADDINGTON, Jack Ensign. *La force intérieure (tout commence dans l'esprit)*, Québec, Deux temps, trois mouvements, 1987.

AGOSTINI, D. *Maltraitance, répétition et évaluation*, Paris, Éditions Fleurus, 1996.

COELHO, Paulo. *L'alchimiste*, Paris, J'ai Lu, 1996.

DALAÏ-LAMA et Howard CUTLER. *L'art du bonheur*, Montréal, Éditions Robert Laffont, 1999.

LEBON, Violette. *L'essentiel : l'estime de soi*, Montréal, Éditions Quebecor, 1999.

MULLER, Wayne. *L'héritage spirituel d'une enfance difficile*, Montréal, Le Jour Éditeur, 1993.

SABOURIN, M. *et al.* *Naufragés des Bermudes*, Montréal, Stanké, 1977.

YOUNG J. E. et J. S. KLOSKO. *Je réinvente ma vie*, Montréal, Éditions de l'Homme, 1995.

Sommaire

RECYCLÉ
Papier fait à partir
de matériaux recyclés
FSC
www.fsc.org
FSC® C103567

MARQUIS
Marquis imprimeur inc.

Québec, Canada
2012

Imprimé sur du papier Silva Enviro 100% postconsommation
traité sans chlore, accrédité ÉcoLogo et fait à partir de biogaz.

100%
PERMANENT
BIO GAZ
ÉNERGIE